# ゴジラ論ノート

## 怪獣論の知識社会学

ましこ・ひでのり

三元社

**ゴジラ論ノート**
怪獣論の知識社会学

目次

凡例≒構成と注意　7

**はじめに**　9

# 1章　「戦後」のおわりと"Kaiju"のグローバル化　13

1-1　Wikipediaがうつしだす"Kaiju"のグローバル化と、その思想史的意義　14

1-2　「モンスター」概念の検討　23

# 2章　「怪獣の襲来」というモチーフの背景：被害者意識と加害者意識への言及の政治性　27

2-1　"Kaiju"の「基本」　28

2-2　破壊される都市の寓意と評論の政治性　33

【コラム2-1：初代ゴジラの「進路」】　54

【コラム2-2：核兵器時代初期の楽観主義ノート】　58

【コラム2-3：アメリカ国民の被害妄想】　59

【コラム2-4：ゴジラ解釈の迷走】　60

# 3章　アメリカ人のゴジラ受容　63

3-1　アメリカの大衆の知性　64

3-2　親日派アメリカ人に代表されるゴジラ受容　72

3-3　アメリカ人の「恐竜」幻想と怪獣　76

## 4章　B級SF映画を素材とした右派たちの恣意的解釈（戦争／軍備）と、大学人の懸念　81

- 4-1　右派層による、大衆文化への粘着と攻撃の背景としての恣意的解釈　82
- 4-2　ゴジラ作品が自明視する国軍　93
- 4-3　右派層による、ゆがんだ「戦争責任」論　98
- 4-4　大学人が危惧するゴジラ作品の変容　105
- 4-5　ゴジラ作品の軍事力讃美と右派の自慰的言動　109
- 【コラム 4-1：とわれないヒロヒトの戦後の言動】　111
- 【コラム 4-2：佐藤健志の「ウルトラ」シリーズへの粘着ぶりとナショナリズム】　113
- 【コラム 4-3：佐藤健志ら右派による、マッドサイエンティストの正当化】　114

## 5章　ゴジラ／モスラに、かげさす安保体制　117

- 5-1　「ゴジラ」シリーズで、ひたかくしにされる在日米軍　118
- 5-2　モスラに、かげさす安保体制　120
- 5-3　徹底的にふせられる安保体制のかげ　124
- 【コラム 5-1：えがかれた／えがかれなかった自衛軍や米軍の政治的含意】　128
- 【コラム 5-2：こどもむけB級作品の含意】　130
- 【コラム 5-3：核イメージの風化問題】　132

## 6章　「南方」幻想／南島イデオロギーとそのかたられかた　135

- 6-1　「南方から襲来する怪獣」という定番イメージの知的水脈　136
- 6-2　「南洋」からはずされる「琉球列島」　139
- 6-3　被差別者を母体とした特撮怪獣作品の重層的政治性　142
- 6-4　オリエンタリスティックな「スパイス」としての恣意的援用　148
- 【コラム 6-1：ゴジラ映画から排除された大陸の政治的含意】　169
- 【コラム 6-2：オリエンタリズムとしての金城哲夫論】　171

## 7章　特撮怪獣作品などの宿命と、その虚構ゆえの可能性　175

- 7-1　虚構のリアリズムと政治性　176
- 7-2　虚構と歴史意識のポリティクス　180
- 7-3　時空上の「対岸の火事」（ひとごと意識）　183
- 7-4　虚構＝自由ゆえの取捨選択のポリティクス　186
- 【コラム 7-1：『キングコング対ゴジラ』がてらしだす無自覚なレイシズムの伝染】　193
- 【コラム 7-2：ゴジラ映画史にとって有害無益な本質主義】　194

## みじかい終章　怪獣作品の寓意と怪獣論の政治性をとう意味　197

あとがき　207

参考文献　211

索　引　218

## 凡例≒構成と注意
<small>はんれー</small>

1. 表記上のユレを最小限にするため、基本的には、訓よみをさけている。「わかちがき」を断念したので、よみづらくないよう一部漢字変換してある。
2. 引用箇所は「　」でくくられ、そのあとには、たとえば（ツツイ＝神山訳, 2005: 105-7）のようなかたちで典拠さきの文献情報がかかれる。このばあい、「ツツイという人物がかいた本や論文を、神山さんという人物が日本語訳し、それが2005年に日本で刊行された。引用箇所は、105～7ページである」とよみとってほしい。
　　直前の文献をまた引用・参照したばあいは、（同上：234）などとしるす。このばあいは、「うえとおなじ本の234ページにかいてある」と解釈すること。
3. 文献情報は、巻末の【参考文献】にある。家族名による50音順配列である。カタカナ人名も、家族名を先頭に、個人名をあとにまわしている。ミドルネームはイニシャルのときもある。
4. 引用文献の大半は日本人の著作だが、日本人名の家族名表記は漢字が普通であり、とてもよみづらいのが難点である。そのため、たとえば、文中での典拠文献は、（おの 2007: 229）などと、家族名をかなかがきしてある。巻末の【参考文献】の「おの」をさがすと、2007年発行の文献は「おの・しゅんたろー（小野俊太郎）, 2007,『モスラの精神史』講談社」らしいことがわかる。これは、「小野俊太郎さんという人物がかいた『モスラの精神史』というタイトルの本を講談社が2007年にだした」と、理解してほしい。
5. 引用箇所で（ママ）とあったら、原文がそうかかれているけど、誤記だとおもう、という意味である。また、引用箇所中の省略部分は〔……〕とした。
6. 〔△▼△▼＝引用者注〕とあったら、原文の誤記／不足を訂正／補足したということを意味する。
7. 人名は敬称略。
8. ルビは、表音主義（たとえば「ひょーおんしゅぎ」）が原則。なお、引用した原文にないルビをおぎなった箇所がある。

# はじめに

　55年体制という、戦後日本の政治体制が起動しはじめるのは、そのなのとおり1955年だった。1945年という近現代史のなかでの突出した転換点から10年めにあたり、それは、1952年の平和条約や安保条約の発効につづく、きわめておおきな画期だったといえよう。

　しかし、おなじような意味で、1954年というのは、新幹線や東京オリンピックなどでスポットライトがあたりやすい1964年にまけないぐらい、象徴的なことが集中したとしにあたる。日本に関係のふかい事項にかぎっても、つぎのように列挙すると、相当画期的なトピックばかりだろう。

2月19日　日本初の国際プロレスリング大会が蔵前国技館で開催（3月9日まで）。この模様はNHKテレビと日本テレビで生中継され、街頭テレビでは力道山やシャープ兄弟に人気が集中した。

3月1日　日本の遠洋マグロ漁船第五福竜丸が米国の水爆実験によって発生した多量の放射性降下物（いわゆる死の灰）を浴びる。

3月1日　松下電器産業が同社初の電気掃除機「MC-1」を発売。

3月1日　NHK、大阪と名古屋でテレビジョン放送開始。

4月5日　初の集団就職列車（青森・上野間）が運行される。

4月28日　明治製菓が日本初の缶入りジュースを発売。

5月7日　フランス軍のインドシナ戦争の拠点ディエンビエンフーが陥落。

6月2日　参議院、「自衛隊の海外出動（≒自衛隊海外派遣）を為さざることに関する決議」を全会一致で可決。
6月15日　欧州サッカー連盟がスイス・バーゼルで発足。
6月17日　中華人民共和国とイギリスが国交樹立。
6月19日　名古屋テレビ塔完成。
6月27日　モスクワ近郊オブニンスクで世界初の原子力発電所が運転を開始。
7月1日　自衛隊創設。
7月15日　ニッポン放送開局。
9月26日　洞爺丸事故。
11月3日　『ゴジラ』が公開される。
11月24日　日本民主党が結成。
12月3日　空手道の最初の全国大会である全国空手道選手権大会が開催される。
　　　　昭和の大合併が進む。

　　　　　　（ウィキペディア「1954年」から抜粋し、一部加筆）

　いささか恣意的にえらんでみたが、プロレス中継／第五福竜丸事件（水爆実験）／集団就職／自衛隊（軍隊の再建）など、いまだにふりかえられる歴史的事実といえよう。歴史上の事件・事故といった面はもちろん、戦後日本の骨格の一部ともいえそうなトピックがこんなにも集中した画期にあって、家族むけの特撮映画『ゴジラ』第1作が公開された件は、ちいさなできごとにすぎないかもしれない。ヒットを連発しつづけるジブリ作品などを例外として、映画界はかなりむかしにすでに「斜陽産業」といわれ、テレビばなれさえ喧伝される現在、「ふたむかしまえの娯楽」という位置づけは、さほどまちがっていないだろう。
　しかし、『ゴジラ』第1作から60年という企画は、2014年にたく

さんうたれた。高度経済成長の前史として、オリンピック関係者や鉄道会社、放送局や出版社などがキャンペーンをうったことで発生した「にわかブーム」という傾向は否定できないかもしれない。しかし、1954年は、前年に朝鮮半島が休戦状態をむかえ、完全に冷戦体制が固定化しつつあった。憲法の規定はもちろん理念さえも否定しかねない軍隊を、もと占領軍の主力だったアメリカが容認した経緯と、『ゴジラ』第1作の制作・公開は、きりはなせない。「反共」の防波堤／地政学上の不沈空母として事実上の陸海空3軍を創設し、米軍の後方支援をになわせると「再定義」したことへの不安・反発。水爆実験による被災とそれへのいかり、第三次世界大戦の不安。さまざまな感情・思念が、制作陣はもちろん観客にも共有されていたらしいからである。

　新幹線や東京タワー、東京オリンピックなど1960年代を美化する懐古趣味と同様、CGなどが動員不可能だった半世紀以上まえの映画をノスタルジックに顕彰することは、たしかに趣味・娯楽以上のものにはならないだろう。しかし、作品群が制作され大量の観客がつめかけた時代背景をふりかえり、そういった文化状況をとりまく政治経済学的な含意を一度整理する意味は充分あるだろう。さらには、60年まえに「発明」された、ある種のブランド（ミーム）がグローバル化やIT空間がおおう現代の都市社会で、どうひきつがれ、どう風化したのか？

　読者のみなさんには、社会学徒による少々ながい稚拙な研究ノートにおつきあいいただきたい。

2014年11月3日
『ゴジラ』第1作の劇場公開の日から60年目の日に横浜にて

# 1章
# 「戦後」のおわりと"Kaiju"のグローバル化

**本章のあらまし**

ゴジラ／モスラに代表される特撮怪獣作品は、ゴジラが「日本」のアイコンとみなされるような次元でグローバル化した文化項目のひとつとなった。"Kaiju"は、ハリウッド映画におけるSFパニック作品のうけうりのようにみえるし、実際、英語圏の"monster"が自然の調和の崩壊を象徴して登場するのと同質な文脈＝地球からの警告という含意は共有している。そこには、近代ならではの「フランケンシュタイン・コンプレックス」の一種として、人為的失敗がもたらした災厄というイメージがからまっている。しかし、外部から、ゆえなく来襲して撃退される怪物（異形の大怪物が来襲、都市を破壊したのに、最後にはヒーローにたおされて平和がもどる）といったハリウッド流の物語とは、まったく異質な作品群を日本製の特撮怪獣映画・ドラマは形成した。1954年の初代ゴジラを起源・象徴として、野生獣の一種としての怪獣が人類社会と共存できない宿命として大都市の破壊が発生し、悲劇ないしは予定調和劇として閉幕するのが、日本の特撮怪獣作品の基調である。そこには太平洋戦争と大空襲・被爆体験という、超大国アメリカをふくめた地政学的意識、歴史的経験がみのがせない。単なる日米という文化比較の素材ではなく、パニック映画（エンタテインメントの典型的一群）の質的差異をとうことは、作品の政治性をとうだけでなく、作品に対する批評行為の政治性もとうことになる。

# 1-1
# Wikipediaがうつしだす"Kaiju"のグローバル化と、その思想史的意義

　Wikipediaには、「Godzilla」(Català; カタルーニャ語版) から「哥斯拉」(粵文; 広東語) まで、36言語による「ゴジラ」の記述がある。項目の記述が質・量さまざまである以上、項目言語数が世界における認知度・定着度を直接しめすものでないことは明白だ。しかし、英語版"Godzilla"、中国語版「哥斯拉」(Gē sī lā)、フランス語版"Godzilla"、スペイン語版"Godzilla"など、かなりの質・量を維持する大言語版のページはいくつもある。いわゆる特撮怪獣映画としての"Gojira／Godzilla／哥斯拉"は、世界のかなりの広域にしられるブランドとして、マンガやアニメなどと同様な認知度をかちえているとおもわれる。

　たとえば、日系アメリカ人にして現代日本史研究者のウィリアム・M・ツツイは、ゴジラマニアとしての博識ぶりをしめした"GODZILLA ON MY MIND"[1]で、つぎのようにのべた。

> 〔……〕怪獣王は東京湾から陸に上がって以来たった50年で、まさに世界中の人々に知れわたる存在になった。ゴジラ映画は世界の隅々で上映されてきた。ワルシャワからマカオ、カラチ、モ

---

1 日本語表題は『ゴジラとアメリカの半世紀』だが、原題がレイ・チャールズの名曲"Georgia On My Mind"(1960)のモジリであることは、「訳者あとがき」にあるとおり。そして、管見では、本書第1章「ゴジラの誕生」と第2章「シリーズの歩み」は、ゴジラ・シリーズの簡潔な通史として秀逸だとおもわれる。「オトナの事情」などウラばなしもふくめて、実に明快な記述となっている。

ントレーに至るまで、世界中の観客のために、吹き替えや字幕、編集等で加工されてきた、どの大陸に住んでいても、大人のファンや子どもたちはゴジラグッズ〔……〕を手にすることができるようになった。

　またゴジラは、日本の他のポップカルチャーのアメリカ進出のために、堰を切る役目を果たしている。アメリカの道路に初めて登場した日本車トヨタがレールを敷いたことで、〔……〕日本車が次々とアメリカに流れ込み、いまだにふえつづける一方である現象と同じように、ゴジラもウルトラマン、人造人間キカイダー、マンガ、アニメ、スーパーマリオ、〔……〕ハローキティの世界進出に道を切り開いたのだ。

　しかしゴジラは、世界中に知れ渡るアイコンというだけでも、日本のメディア産業が創意を働かせた商品の販売促進の道を開拓しただけの存在でもない。過去半世紀にわたり、ゴジラシリーズは、世界中の映画製作のお手本にされ、インスピレーションの源でありつづけてきた。デンマークから北朝鮮、ハリウッドにいたるまで、さまざまな映画製作会社が、怪獣王のゆるぎない人気と興行的な力を活用しようと、ゴジラもどきの映画や、東宝映画の再テキスト化、まじめなオマージュ、不届きな盗作、認可の上でのリメイクなどを製作してきた。」　　　（ツツイ＝神山訳, 2005: 258-9）

　2014年が『ゴジラ』第1作から60年にあたることは、アメリカでの新作発表もふくめて、ビキニ環礁での核実験や第五福竜丸事件（1954年）がきっかけとなった経緯をふりかえらせる契機となったはずである[2]。

---

2　「ゴジラ」シリーズの作品の相当数がNHKの地上波放送・衛星放送など

ちなみに、1954年が、事実上の軍隊である自衛隊の創設、警察法改正にともなう乱闘国会で警官隊が国会にはいるという不祥事、洞爺丸事件、ソ連における世界初の原発運転開始など、戦後の転換点となった点は、重要だろう。そして、第五福竜丸事件はもちろん、自衛隊や原発など「ゴジラ」シリーズにとってかかせない要素が登場したことを意味する。ゴジラ誕生30周年記念映画（第16作）である『ゴジラ』（1984年）では、浜岡原発がモデルである「井浜原発」をゴジラが破壊し放射能を吸収していくし、ハリウッド版最新作では、原水爆ではなく原発事故を機にゴジラが誕生することがほのめかされている。ゴジラなど怪獣の襲来に自衛隊とおぼしき軍隊が応戦するといった図式がおなじみであることは、いうまでもない。
　2014年5月16日全米公開された"Godzilla"やそれにさきだつ同題の"Godzilla"（1998年公開）でも、核実験の結果誕生した生

---

を中心にながされ、また検証・特集番組もくまれたのは、「生誕60周年記念」だからであろう。そう銘うたれた放送が多数できた（NHK BSプレミアム「ゴジラ誕生60周年記念特集」「ゴジラ生誕60年　日本の特撮　驚異の技」，日本映画専門チャンネル『ゴジラ』公開60周年記念 発掘！お宝特撮特集」etc.）。

　東宝が全面協力したかたちでのムックも何冊もでた。網羅的ではないが、めについたものとして、『キャラクター大全　ゴジラ　東宝特撮映画全史』『ゴジラの常識』『初代ゴジラ研究読本』『ゴジラ 99 の真実』『別冊宝島 2207　ゴジラ完全解読』など（こーだんしゃ編 2014，さとー ほか編 2014，ともい ほか編 2014，いけだ 2014，あきた 2014）。また、ゴジラを軸に特撮怪獣映画60年を回顧するかたちで概観したものとしては、八本正幸『ゴジラの時代』（やもと 2014）。

　なお、ゴジラやモスラ、もちろん「ウルトラ」シリーズまで核の影がさしていることについては、後述する粂川万里生の議論（くめかわ 2012）、ゴジラなどは「被爆者」の隠喩であるのに対して、ロボットのアトムに「光」（＝原子力の平和利用）がイメージされてきた奇妙な構図については、かとー（2012）参照。

命体という前提が「原作」と共有されているなど、核大国の存在をとう思想性が、「ミーム（meme）」[3]として継承されているという点でも、「ゴジラ」シリーズは、世界史的な検討にあたいする作品群といえるだろう。すくなくともアメリカにおいては、ゴジラの存在は無視しえない。ノリエガは、「ゴジラは日米で偶像（イコン）の地位を得ている」とのべているし、かりにあざけり（オリエンタリズム）の対象としてであれ、「西洋人が「日本」と聞いて最初に思い描くイメージの一つだ」とする（ノリエガ＝和波訳, 1999: 48）[4]。「ゴジ

---

[3] 「ミーム（meme）」とは、「もともとミームという言葉は、動物行動学者、進化生物学者であるリチャード・ドーキンスが、1976年に The Selfish Gene（邦題『利己的な遺伝子』）という本の中で作ったもので」「人々の間で心から心へとコピーされる情報」をさす（ウィキペディア「ミーム」）。流行現象などにとどまらず、宮大工が継承する技術や「日本語」という言語体系などもふくまれる。ただ、遺伝子とおなじような、最小単位をめぐる議論は不毛な応酬におわっている印象がぬぐえない。

　グローバル化については、小野俊太郎の「ゴジラのグローバル化」参照（おの 2014: 10-3）。

[4] サイード（1993）参照。「パレスチナ出身のアメリカの批評家、エドワード・サイード（1935-2003）の著書『オリエンタリズム』Orientalism（1978年）において」、「サイードは歴史を通して西ヨーロッパが、自らの内部としてもたない「異質な」本質とみなしたものを「オリエント」（「東洋」）に押し付けてきたとし、「東洋」を不気味なもの、異質なものとして規定する西洋の姿勢をオリエンタリズムと呼び、批判した」（ウィキペディア「オリエンタリズム」）。

　アメリカ人によるゴジラ＝日本の象徴という位置づけは、日本＝非欧米社会という蔑視をふくんだ他者化＝本質主義（ステレオタイプ化）の産物とかんがえられる。さらには、オリエンタリズムは、日本をはじめとした東アジアの経済先進地域にも伝染し、たとえば琉球列島を、その対象と位置づけるような意識ももたらした。ちなみに、戦前はもちろん戦後も、日本人のおおくは、中国・朝鮮半島にオリエンタリスティックな視線をなげかけ、侮蔑しつつ近代化をてつだっているつもりだった。

ラほどアメリカ人の想像力の中にうまく統合され、たやすく日出る国のイメージを作り出すことのできるシンボルはない。アメリカといえば、ハクトウワシと世界が想像するように、ゴジラはアメリカ人の想像力の中に、日本を多面的に象徴するものとして浮上してくる」とまでのべる論者さえいる (ミュソッフ=小野訳, 1998: 24)[5]。

「ゴジラ映画作品」が第1作から50周年を記念して『ゴジラ FINAL WARS』(2004年) を最終作とされた[6]のに対して、60週年記念作品をつくりあげ、日本の観客のまえに「上陸」してきたのは、ハリウッド版の"Godzilla"であった[7]。今後もゴジラ以外、日本という市場をこえたグローバル化ブランドとはならないかもしれない。

たとえばモスラが、単体ではもちろん、ゴジラ以外の怪獣とのくみあわせによって、ハリウッド映画でリメイクや新作がつくられるかといえば、その可能性はほとんどないだろう。モスラの、ゴジラとは正反対の、あまりに静的な存在感は、アメリカの観客にはうけ

---

5 アメリカにおける「ゴジラ」受容については、ミュソッフ (1998)、ノリエガ (1999: 48, 50)、フライバーグ (1999: 85-6) をふくめて3章で後述。

6 「(公開当時の) 東宝上層部からは、未来永劫ゴジラを作らないということではなく「現状の路線 (ミレニアムシリーズ) はこれで最後」という趣旨の発言がなされている。さらに富山省吾プロデューサーは、バンダイから発売されている食玩「酒井ゆうじプロデュース ゴジラ全集 3rd.」の解説書の中で、2013年には復活する可能性があることを示唆している」(ウィキペディア「ゴジラ FINAL WARS」) とあるが、実際には、東宝は新作を制作しないままで現在にいたっている。

7 ウィキペディア「GODZILLA ゴジラ」／ Wikipedia "Godzilla (2014_film)"
「毎週のテレビ放送が米国ヒットの秘密!? ハリウッド版「GODZILLA ゴジラ」監督インタビュー」(『日経トレンディネット』2014年08月01日) http://trendy.nikkeibp.co.jp/article/pickup/20140730/1059337/

そうにない。初代、そしてゴジラなどとたたかう以外には、都市をやきつくす破壊神的な含意をおびない静的存在、具体的にはカイコ（moth）を基調イメージとして、母性的（mother）と位置づけられたイメージは、複数の怪獣との死闘をテーマとしないかぎり、大衆的な興行になじまない「キャラクター」設定というほかない。ちなみに、小野俊太郎はモスラについて、「当初から内在していた女性的イメージあるいは母性的な特徴を、冷戦のなかで平和主義として拡張したせいで」「単独の怪獣として暴れまわるには弱い設定で」「他の怪獣と共同しないと敵とは戦えないし、被害を受けている人間の立場を無視できない弱点をもつ」としている（おの2007: 229）[8]。

「モスラ」（Mothra）はたしかに、ゴジラとくらべて、その知名度や影響力はずっとみおとりする印象がある[9]。日本語版「モスラ（架

---

[8] しかし、モスラがみせた破壊力は、すさまじいものであり、「弱い設定」というのは、「平和主義」的な文脈と繭や蛾という静的設定を、ゴジラなど巨大竜巻や劫火などをイメージさせる破壊神と対比させるからおきる点にすぎないことを、わすれているからであろう。「他の怪獣と共同しないと敵とは戦えない」のではなく、基本的に専守防衛的な存在なのだ。

「破壊神」とそれへの反撃を自明視する攻撃的なアメリカ国民などにとっては、たしかに魅力がとぼしい「弱い設定」だろう。しかし、小野が"精神史三部作"で対象化した「大魔神」は、「動」のキャラクターではない。最後にこらえていた憤怒を爆発させる（極悪非道をこらし正義を復旧させる）家父長的破壊神として位置づけられていることで印象がちがうとはいえ、モスラの小美人（＝母親）がらみの破壊力を矮小化している。

[9] 映画は、明白にアメリカ／ニューヨークがモデルである「ロリシカ国」（Rolisica）の「ニューカーク・シティ」（New Kirk City）をモスラが破壊しつくすという設定や、東宝がコロンビア映画と契約のうえで制作したなど、アメリカ国民が注目するにあたいする事情がたくさんある（Wikipedia "Fictional locations in the Godzilla films#Rolisica", Wikipedia "Mothra (1961 film)", ウィキペディア「モスラ」）。しかし、中国語版「摩斯拉」などは、かなりマニアックだし、ドイツ語版／スペイン語版 "Mothra" などは最

空の怪獣)」に対応する言語ページは16、日本語版「モスラ」のばあいは10、おなじく「モスラ（1996年の映画）」にいたってはわずか5しかないからだ。それでも、英語版の"Mothra (film)"の記述などは、かなりの質・量をそなえているといえるなど、国内に影響力がとどまるローカル・ブランドでないことはあきらかだ。

ニューヨーク市がモデルとはっきりわかり、「ニューカーク・シティ」（原作では「ニュー・ワゴン・シティ」）を破壊しつくすという設定だった『モスラ』(1961年)は、地獄の業火でやきつくされるソドムとゴモラ（旧約聖書）のイメージや、無差別爆撃で廃墟となったドイツ／日本の各都市を報ずるニュース映像などを、想起させたであろう。また、影響度を一旦度外視するなら、中村真一郎／福永武彦／堀田善衛という、著名なフランス文学者3名が原作をつくった（実際の映画化の時点では、根本的な改変がなされているにしろ）という誕生の経緯もあいまって、戦後日本で最高水準の思想性のたかさをもったSF映画という評価さえうけるかもしれない[10]。

つまり、「ゴジラ」シリーズだけで日本の怪獣映画を代表させることには問題があるだろうし、すくなくとも『モスラ』については、その思想史的含意はもちろん、蓄積されてきた「モスラ論」の政治性の解析が必要であるとかんがえる。

一方、東宝三大怪獣と称される特撮怪獣のなかには、実在した翼竜プテラノドンをモチーフとした「ラドン」があげられる。歯科医

---

小限の記述を維持しているようだ。また、たとえば『モスラ映画大全 モスラ公開50周年！』といった『モスラ』第1作を記念する刊行物や特集があったことは重要だが、これが『ゴジラ』なみに、60周年といったかたちで、それなりのブームが単独でわきあがるかというと微妙だろう（よーせんしゃ 2011）。

[10] それをものがたるものとしては、おの(2007)。原作は、なかむら ほか(1994)。

師にして怪獣マニアである小林晋一郎によれば、「ラドンは阿蘇が現代の社会というもの、人間というものの生態などを偵察するために遣わした大使」であり、「人類はこれを敵として頭からきめ付け、邪魔ものとして排除しようとした」。

> 「共存は不可能だ。〔……〕ラドンはそれをあるがままに受け止め、己の故郷である阿蘇に舞い戻った。〔……〕ところが、人類はここまで攻めてきた。ラドンを徹底して撲滅するために集中砲火を浴びせ掛けてきたのである。〔……〕今一度ラドンは舞い上がり、強力な衝撃波を食らわせてこの軍隊を破滅させることもできただろう。だがそうはならなかった。阿蘇が噴火を起こしたからだ。阿蘇は、自らが育み、甦らせ、世に送り出した愛しい者が、人類の手に掛かって滅びることを潔しとしなかった。空しい戦いにラドンを駆り立てる事を好まず、熱い炎の洗礼を授けることによって、ラドンをそのふところへと再び、招き入れたのである。帰ってくるがよい。勇士よ。おまえを世に送り出したのは私の過ちだった、と。」
> 
> （こばやし 1997: 40）

この擬人的なガイア論ともいえる解釈は、のちほどふれるように、金城哲夫[11]らがかならずしも怪獣＝悪者論にたたず、人類との不幸な遭遇をえがいた姿勢と通底する、いま一度再検討するにあたいするキャラクター・設定といえそうだ。たとえば金城が「怪獣が暴れるには、それなりの理由があるはずだ」とかんがえ「人間が一方的に怪獣を悪者にしてやっつけることを許さなかった」とか、ウルト

---

11 きんじょー・てつお（1938-1976）。東京うまれ、沖縄県南風原町そだちの脚本家、プロデューサー。第一期「ウルトラ」シリーズを企画し脚本面にとどまらない中心的やくわりをはたした。

ラマンの奮闘も怪獣を「仕方なく懲らしめる」だけであり、ウルトラマンを「怪獣の殺し屋ではない」と位置づけていたことは重要だ（うえはら 1999: 161）。

ただ、たとえば『モスラの精神史』『大魔神の精神史』『ゴジラの精神史』と三部作的な「精神史」をあらわした小野俊太郎が、こののち「ラドンの精神史」をかく可能性があるかといえば、おおきくない予感がある（おの 2007, 2010, 2014）[12]。

また、特撮怪獣ファンにアンチ・ゴジラ派とでもいうべきねづよい支持層をもつ、『ガメラ』（大映→徳間→角川）の存在も当然無視できない。しかし、Wikipediaでの項目は英語版 "Gamera" をはじめとして14言語、シリーズ第1作の日本語版『大怪獣ガメラ』に対応するのが8言語にとどまること、などとちがい、東宝三大怪獣での「モスラ（架空の怪獣）」「ラドン（架空の怪獣）」のようなあつかいを、日本語／英語等でうけていない。「『大怪獣ガメラ』以降も続編、及びガメラの登場する映画作品が継続的に製作されており、これら全作品を総称してガメラシリーズと呼ぶ。東宝のゴジラシリーズと共に日本の怪獣映画を代表する作品群である」（ウィキペディア「ガメラ」）などとライバル視させても、存在感の差はおおきすぎる[13]。

---

12 『ゴジラの精神史』初版一刷の帯コピーには、「『モスラの精神史』『大魔神の精神史』に続く "精神史三部作"」とある。

13 ほかに「フランケンシュタイン」ものや「キングコング」の援用、オロチなどを原型とした「キングギドラ」、また「メカゴジラ」など印象にのこる怪獣やロボットがあるが（たとえば小林晋一郎は、『形態学的怪獣論』で「キングギドラ」と「メカゴジラ」を絶賛している〔前掲書〕）、登場回数をふくめて、あくまでゴジラなどとの対戦というかたちでの登場とおもわれる。「主人公」的キャラとはいいがたいので、必要に応じとりあげるにとどめる。また本書でとりあげるのは、基本的に日本を中心に制作され

以下、ゴジラ作品やモスラ作品でえがかれてきた歴史意識や政治性など、かならずしも原作者や制作者がわが意図しなかった点もふくめて、既存の批評を整理し批判的にのりこえをはかることで、いくつかあらたな論点を提示できたらとかんがえている。

　基本的には、ゴジラ作品やモスラ作品が共通のモチーフとしてかかえている地政学的な暗黙の設定として、太平洋がどう位置づけられてきたか？ 北太平洋をめぐる覇権あらそいといって過言でない太平洋戦争（あるいは、それに、はるかに先行する琉球国へのペリー艦隊来航）以来の地政学的不安やナショナリズム、そして同盟国という「名分」下の事実上の準植民地状態が、どう影をおとしているか？といった、作品の含意を分析していく。

## 1-2
## 「モンスター」概念の検討

　さらには、いわゆるB級SF娯楽作品としての特撮怪獣ものがどう論じられてきたかなど、「ゴジラ」シリーズ／「モスラ」シリーズを軸に再検討することで、「特撮怪獣論」論を展開したい。

　ちなみに、日本語由来の英語として定着した"kaiju"（kaijû）と、

---

てきた特撮映画のうち「大怪獣」ものである。したがって、「仮面ライダー」シリーズや「スーパー戦隊」シリーズなどでの異形（いぎょー）の悪役たちは除外する。さらに、1966年で三部作が完結したのに強烈な印象にのこした『大魔神』（大映）、玩具メーカーとのタイアップもふくめて映画作品の主軸ではない、いわゆる「ウルトラ」シリーズなどについても同様である。なお余談だが、1980年代後半から短期間ではあれ、アメリカとオーストラリアで「ウルトラ」シリーズが放送されていたようだ（ウルトラマンタロウ 2013: 178-83）。日本のゲームが映画化されるなど（『バイオハザード』シリーズ）、ゴジラ以外でも「日本産キャラ」のグローバル化がすすんでいるといえよう。

それと近接する概念である、たとえば英語の"monster"などとの異同についても、最低限私見をのべておこう。

Wikipedia "Monster" には、つぎのような記述がある。

> A monster is any creature, usually found in legends or horror fiction, that is often hideous and may produce fear or physical harm by its appearance and/or its actions. The word "monster" derives from Latin monstrum, an aberrant occurrence, usually biological, that was taken as a sign that something was wrong within the natural order.
>
> The word usually connotes something wrong or evil; a monster is generally morally objectionable, physically or psychologically hideous, and/or a freak of nature. It can also be applied figuratively to a person with similar characteristics like a greedy person or a person who does horrible things.
>
> The root of 'monstrum' is 'monere'—which does not only mean to warn, but also to instruct, and forms the basis of the modern English demonstrate. Thus, the monster is also a sign or instruction. This benign interpretation was proposed by Saint Augustine, who did not see the monster as inherently evil, but as part of the natural design of the world, a kind-of deliberate category error.

英語圏の「モンスター」概念には、伝説ないしフィクションのなかで心身へのダメージをあたえる異様な生物というイメージがあるようだ。日本語の「怪物」とほぼ対応するとみてよかろう。しかし、重要な指摘は、ラテン語の動詞"monere"（モネーレ；警告する。おもいだす）の派生形としてできた"monstrum"の延長線上に英

語の"monster"があるということ。計画／生産されたような「エラー」であり、なにか不吉な前兆（自然の秩序のみだれをしらせるサイン）としてもたらされるという語義をおびてきたことだろう。

　その意味では、「仮面ライダー」など石ノ森章太郎作品の系譜をもつシリーズでの怪人たちや、地球侵略を画策していると設定された「ウルトラマン」シリーズをはじめとする「宇宙人」などは、「モンスター」の典型例ということができる。人類をはじめとした地球上の動物とちがった異形の存在であり、同時に自然的秩序の混乱をもたらす存在なのだから[14]。

　一方、日本の特撮映画として定番化した「大怪獣」は、心身へのダメージをあたえる異様な生物というイメージにとどまらず、巨大であり、現代建築の巨大な機能美を容易に破壊するような圧倒的生物であり、大地震や無差別爆撃のような惨禍をもたらす／もたらしかねない存在として位置づけられてきた。つまり、グロテスクさや

---

[14] ともかく「正義のヒーロー」たちは、秩序復元・維持の使命をおった存在（警察・司法的権力）として位置づけられているといえよう。同時に、なにかのまちがい等で「正義」を追求できない「逸脱」をひきおこしたとき、ヒーローたちは「怪物」化することになる。実際、フィクション作品のおおくでは、このモチーフがエンタテインメントの重要な要素となる。それは「異形」であり「異能」であることで、人知をこえた圧倒的な存在だからだろう。
　「ウルトラ」シリーズの起点にあたる「ウルトラQ」について元山掌は「怪獣の性質は、いわゆる悪役ではなく、すべて大自然のアンバランスから発生した怪生物として、人類に警告を発する立場で演出されている」と指摘していた（もとやま 1999: 177）。元山の議論は、「ウルトラ」シリーズにかぎらず、『大魔神』など古典をふくめて20世紀末までのさまざまなジャンルに刺激的な指摘をしている。「ウルトラQ」の企画タイトルが当初「アンバランス」であり、「自然界の調和とバランス」がごくマレにくるったらどうなるかという視点から金城哲夫が企画書をかいた経緯と、当時のふんいきについては、やまだ（1997: 98-105）。

破壊的存在という点で「モンスター(怪物)」の一種であるだけでなく、そのなかでも、大都市を廃墟としかねないような存在としてえがかれている。しかし、水爆実験など、無自覚なマッドサイエンティストがしでかした不始末で自然環境に深刻な影響が発生したこと＝秩序破壊と、それを「警告する」「おもいださせる」存在という意味でも「モンスター(怪物)」の典型例といえよう[15]。

そしてそこには、後述するように、「フランケンシュタイン・コンプレックス」(アイザック・アシモフ)がながれこんでいる。大怪獣は基本が「巨大生物」なのであり、(人類全体に直接責任がないにしろ)現代人と大都市が標的となるような人的原因がなにかあり、それがもたした生命体による災厄という不安(集団ヒステリー的な心理)の産物なのだ[16]。

---

[15] 人知のおよばない、なにか秩序がこわれたことの「警告」として説明できない例としては、たとえば近年大人気の『進撃の巨人』(諫山創)などがあげられるだろう。しかし、これも、作品完結時には、なぞときがなされるようであるし、「巨人」の大量発生には、「原因」があるのだろう。

[16] したがって、ロボットや戦闘機のように、自動運転や操作が前提の人造のマシンではない。「メカゴジラ」のような存在は、「大怪獣もどき」ではあっても、非生物として、大怪獣のカテゴリー外となる。
　「フランケンシュタイン・コンプレックス(Frankenstein Complex)とは、創造主(アブラハムの宗教の"神")に成り代わって人造人間やロボットといった被造物(＝生命)を創造することへのあこがれと、さらにはその被造物によって創造主である人間が滅ぼされるのではないかという恐れが入り混じった複雑な感情・心理のこと。メアリー・シェリーの小説「フランケンシュタイン」に由来する言葉で、SF作家アイザック・アシモフが名付けた。このロボットに対する人間の潜在的な恐怖が、「ロボット工学三原則」を生み出したという事になっている。」(ウィキペディア)
pp. 190-1 参照。

# 2章
# 「怪獣の襲来」というモチーフの背景：
# 被害者意識と加害者意識への言及の政治性

**本章のあらまし**

すでにのべたように、日本の怪獣作品は、核兵器や無差別爆撃などの被災者の恐怖感、それを背景とした第三次世界大戦への不安などが原点となっている。怪獣は、人類との不幸な遭遇により「破壊神」として出現し、台風や巨大竜巻のように被災者に無力感をあたえる圧倒的存在としてえがかれる。これらをかたる評論のおおくは、たとえばゴジラを太平洋戦争で犠牲となった「英霊」たちの怨念がエネルギー化して復讐したとか、大都市の壊滅的破壊の寓意とか、さまざまな解釈に終始してきた。しかし（原水爆や大空襲など記憶の影響はともかく）都市破壊という定番自体は、領土や弱者が蹂躙されるという古典的な叙事詩的モチーフが興奮をかきたて観客を動員できるといった、みもふたもない経済的要因に還元可能だ。なぜゴジラがくりかえし日本に襲来するかといった、オタク的な解釈ゲームは当然ナンセンス。だが、怪獣作品がなにゆえ日本でこれほど豊饒なミームとして再生産されたのか、本土上の被害体験がないにひとしい北米でパニック映画などがあきもせず再生産されてきたのかなど、集団心理の精神分析や、地政学的含意を比較する意味はある。そして、戦争体験における、被害者／加害者意識のいかんもさることながら、怪獣の襲来ににげまどう市民の「視点」、迎撃しようとする軍人や科学者たちの「視点」、都市など標的を攻撃する怪獣の「視点」などの含意や、それに感情移入する制作陣・観客の意識の分析は重要だ。それは、金城哲夫らのように、怪獣＝悪者論にたたなかった制作陣の意識とからめて再検討にあたいする。

## 2-1
## "Kaijû"の「基本」

　田畑雅英(たばた・まさひで)が指摘するとおり、日本の戦後映画史においては、「今日ごく普通に通用している「怪獣」という語は、ほとんどの場合、元来の意味よりは、「怪獣映画」に登場する架空の生物のイメージで用いられている。それは多くの場合、恐竜をプロトタイプとし、火炎や破壊光線を吐き、現代のハイテク兵器の集中攻撃を浴びてもびくともせず、破壊を繰り返していく巨大生物というイメージ」が支配的である (たばた 2005: 16)。

　しかも、「登場する怪獣が単体であり、その暴威と、それに対する人間側の行動を描くタイプの作品」と「複数の怪獣が登場し、それらが相互に戦い、さらにそれに人間が三つ巴(みつどもえ)で絡むというタイプの作品に大別」されるだけでなく、前者の「基本的なストーリー展開のパターン」は、以下のとおりマンネリズムを呈している。

> 「1) 人里離れた秘境、南海の孤島などに棲息する未知の巨大生物＝怪獣との遭遇。
> 2) 怪獣が棲息地近辺でひと暴れし、その威力を見せる。
> 3) 怪獣が大都市に出現し、破壊の限りを尽くす。
> 4) 通常の兵器では怪獣に歯が立たず、非常に強力な兵器、とりわけ現実には存在しない薬品・爆弾などによって辛うじて怪獣が倒される。」
> 　　　　　　　　　　　　　　　　　　　　　(同上: 16-7)

なかでも、田畑が指摘するとおり、「都市破壊は怪獣映画に不可欠の要素であり、ほぼすべての怪獣映画において、怪獣による日本の近代都市の破壊が描かれ、それが重要な見せ場となっている」という点は、きわめて重要な共通点である (同上: 17)。田畑は、「深層

の動因」として「都市に象徴される近代西洋文明の日本における受容の問題と関わっている」という仮説を検証するために論考を展開しているが (同上: 19)、本書は、そちらの方向での考察にはふみこまないことにする。本書が着目するのは、いわばファミリー層（≒こども）むけのB級映画（アメリカなどの重厚なSFとはことなった）に通底する、当時の制作者や映画館来場者が共有していただろう地政学的感覚や歴史意識の動向であり、国際情勢をふくめた時事的問題の影響のいかんと、これらへのマニアや批評家の議論の含意である。そこには、西欧化と土着化の産物としての都市への大衆意識という次元にとどまらない思想史的含意が、基本設定に伏在するとおもわれる。制作者が明言したことがなくてもである。

まず、田畑が『ゴジラ』第1作制作発表当時（1954年）の状況を非常に具体的に指摘している。

> 「3月には第五福竜丸事件が起き、同年5月からは日本各地で放射能雨が測定され、核の恐怖は切実な関心事であった。この事態は当然広島・長崎の被爆の記憶と結びつき、10年前の戦争を生々しく想起させることになった。
>
> 『ゴジラ』には、従って、戦争の記憶、とりわけ、被爆と空襲の記憶が濃厚に反映されている。ゴジラは夜東京に上陸して破壊の限りを尽くし、その口から吐く放射能で四囲(しい)を火の海にするが、警報のサイレンを序奏として展開するこの情景は、夜間の大空襲とシンクロするものであろう。劫火(ごうか)のように燃え上がる炎を背景に、ゴジラが小さくシルエットとして浮かび上がるロングショットは、空襲による大火災のさなかに太古の恐竜が現れたような、一種異様な感覚を呼び起こす場面である。
>
> また、ゴジラの襲来から一夜明けた救護所の様子を、後述する原作者香山滋(かやましげる)は、『ゴジラ（東京編）』で次のように描写している。

　　　　対策本部の中に臨時に作られた救護所では，病室に収容し
　　　きれない負傷者が，ホールや廊下にはみ出して，足の踏み場
　　　もないほど混合っている。
　　　　重傷者のうめき声，子供の泣く声，ゆくえをたずね廻る肉
　　　親の叫び声——〔……〕
　　　　恵美子の目の前で，頭に繃帯した愛くるしい少女が，放射
　　　能の検出を受けている。
　　　　ガイガーカウンターに，無気味な音が激しく刻まれて行く。
　　　　しかし，少女はその反応に気がつかない。
　　　　恵美子はたまらなくなって思わず目をそらした。〔……〕
　　この場面は，空襲や原爆投下後の病院の様子ほぼそのままであ
り，映画においても，白黒スタンダードサイズの画面の中で，ま
るでドキュメンタリーを見るかのような印象を与える。〔……〕
　　このように，ゴジラはまず，過去の戦争の記憶を再現するもの
であり，近い将来に起こりかねない核戦争の情景を予示するもの
であった。」
　　　　　　　　　　　　　　　　　　　　　　　　　　（同上：18）[1]

---

[1]　もっとも、「ガイガーカウンター」が広島・長崎にもちこまれたのは、「駐留軍」によってであり、広島県立医学専門学校附属病院（広島大学病院の前身）、長崎医科大学附属病院（長崎大学病院の前身）のメンバーも、被爆者の被曝状況を客観的に把握するすべなどもっていなかったはずである。福井崇時、2005,「戦後の宇宙線研究再開とCRC（宇宙線研究者会議）結成の経緯」（『宇宙線研究者会議 WordPress.Com［PDF］』2013）には、「1950年頃までの理研及び各大学に於ける宇宙線研究及びガイガー・ミューラー計数管等の開発に関する論文を［文献A］にまとめた」とあるが、戦前の研究蓄積（16論文）のほとんどは、宇宙線や中性子などの話題であり、到底、被爆地・被曝者の線量等を計測して当然といった時代ではなかったろう（http://watanaby.files.wordpress.com/2013/01/fukui-9.pdf）。

つまり、田畑が指摘する「怪獣が大都市に出現し，破壊の限りを尽くす」とは、東京大空襲等本土空襲や原爆投下などの無差別爆撃による「劫火(ごうか)」と「焼け跡」のイメージであり、「通常の兵器では怪獣に歯が立たず，非常に強力な兵器，とりわけ現実には存在しない薬品・爆弾などによって辛うじて怪獣が倒される」とは、B29に代表される米軍の圧倒的物量戦になすすべもない帝国日本と臣民の無力さ・無念さと、はかない「神風」思想をベースとしていたとかんがえられる。そして、「近い将来に起こりかねない核戦争の情景」とは、もちろん冷戦によって現実味をました第三次世界大戦への不安の産物であった。米軍による完膚なきまでの徹底破壊を経験した日本人にとっては、軍備放棄をうたう憲法9条の規定とか、依然として米軍が大量駐留しているという現実とは別個に、たった10年たらずまえの無力感につつまれる悲惨な記憶を想起させる具体的イメージだった。カトリック信者で自身も被爆者として後年死去する、医師・医学者永井隆(ながい・たかし)(1908-51)が、長崎への原爆投下をホロコーストとして位置づけ、「神が与えた試練であり、神に感謝」すべきといった解釈をみちびきだしたことなども、原爆の圧倒的な破壊力が、超越的な存在がもたらした劫火とうけとめられたからであろう[2]。

　同時に、この「破壊の限りを尽くす」「怪獣」にほとんどなすすべもない構図には、何人もの論者がふれてきたとおり、自然現象と

---

**2**　ウィキペディア「永井隆（医学博士）」。
　　ただし「永井は原爆死した妻を原子雲のうえで昇天させた絵も書いた」り、「原子爆弾という「新しい動力」について「明るい希望」として、原子爆弾を生み出した科学技術を神に与えられたものとして賞賛する」など原子力技術の暗部・不確実性への無知にもとづく、そこしれぬ楽観主義がみてとれる（ウィキペディア「浦上燔祭説(うらかみはんさいせつ)」）。おかもと（2011）なども参照。

しての「台風」のイメージもみのがせない。『怪獣学　怪獣の歴史と生態』では、「怪獣を自然災害として位置づける」とし、「台風の進路、津波の到達速度、地震の震源地」を情報としてあつめ「予知と予報」をする人間という図式をしめしている (かぶしきがいしゃ れっかしゃ 2014: 24)。しかし、おなじ解説本に「進撃ルート」(同上: 28, 46) とか「目的地」「襲撃」(同上: 44) などといった表現がみられるとおり、怪獣は意志をもつ（人間の理解をこえていようと）とかんがえられている「生命体」であり[3]、「災害」は二次的な産物のはずである。むしろ、「繁殖期以外には群れない」「単独行動」を基本とする「野生動物」「猛獣」と比較する分析の方が当然妥当なわけだ (同上: 16)。しかし、「東京都心襲撃ルート」とか「関西襲撃ルート」(同上: 47) にある、《ルート》をみるかぎり、迷走する台風進路のようにもみえる。猛獣パニック映画（『ジョーズ』シリーズ、『グリズリー』etc.）などが、せいぜい数平方キロの空間におさまるのに対して、体長・全長が数十メートルにおよぶ巨体が移動する速度や被災範囲は、その数十倍～数百倍にはおよぶからだ。ゴジラなど大怪獣は、高速で迷走・暴走する「巨大竜巻」のように「経験」されるだろう。小野俊太郎は、「ゴジラ上陸時に大戸島を強風が襲い、家屋をつぶしていく場面は、太平洋上で発生して日本列島にやってくる台風をほうふつとさせる」(おの 2014: 26) とし、1954年が「洞爺丸台風」とよばれた1500名をこえる大惨事をもたらした台風15号でもって記憶されると指摘している (同上: 27)。

---

[3] ときに宇宙人が操縦するなど、ロボットや戦闘機のばあいもあるが、それも生命体に準ずるだろう。

## 2-2
## 破壊される都市の寓意と評論の政治性

　『原子怪獣現わる』という前年（1953年）公開のアメリカ映画が、「水爆実験で蘇った巨大な怪獣がニューヨークの街を破壊していく様が特撮で表現されており、日本の特撮怪獣映画『ゴジラ』(1954年) にも大きな影響を与えた」(ウィキペディア) とかたられる以上、ありがちな、アメリカの安易なコピーという位置づけも不可能ではない。しかし、「荒ぶる神」「破壊神」としての「ゴジラ」ほかの怪獣たちを、アメリカ的な文明批判（あるいは、技術文明への懐疑）の単純コピーへと還元するのは困難だろう。「アメリカ本土が危機におちいる」という設定は、被害妄想的なハリウッド映画の定番であり、あきもせずにくりかえされてきた。しかし、「アメリカ本土」は、(非戦闘員から犠牲者を十万人単位で何度もださせられた帝国日本の「末裔」として、あえて「テロ被害者」遺族などをムチうつ表現をえらぶなら)「アメリカ同時多発テロ」(2001年9月11日) 程度の被害で、パニックにおちいったのである[4]。モスラに破壊される "New Kirk City" という設定は、あくまで虚構上の舞台にすぎなかったといえよう。「ゴジラ」シリーズなどで再三「破壊される」東京など諸都市が、戦災を想起させないままで「消費される舞台」となる「平成期」の日本とおなじように。

　ところで、前述したように、田畑雅英は「怪獣が大都市に出現し、破壊の限りを尽くす」構図について、「都市に象徴される近代西洋文明の日本における受容の問題と関わっている」とみなした。なぜ、

---

4　アメリカ国民のゆがんだ被害者意識については章末【コラム2-3：アメリカ国民の被害妄想】参照。

ゴジラが日本各地をおそうのかという問題設定は、過去に何度もくりかえされており（佐藤健志「ゴジラはなぜ日本を襲うのか」、長山靖生『怪獣はなぜ日本を襲うのか？』etc.)、有力説は、太平洋戦争の「戦没者」や「英霊」がゴジラのすがたをとって日本をおそうといった解釈といえよう（おの2014: 156）[5]。しかし、マンネリズムとしての「大都市を破壊する怪獣」を解釈することには意味があっても、「怪獣はなぜ日本を襲うのか？」といった、いわゆるオタク的関心は、きまじめに解析するにあたいしないだろう。小野俊太郎がいうとおり、「巨大怪獣もののパニック映画では、自分たちの土地や国民が襲われなくては観客は心を揺さぶられない。」「ナショナルな意識を高めるには、侵略小説や映画の系譜に基づいて、自分たちの領土が侵され、住居が破壊され、とりわけ「女子供」が蹂躙されるようすが描かれる必要がある。」「叙事詩」とは本来そういう機能をもつもの」だし、戦後まもなかった時代の日本市場にあっては、「観客にとっても制作者にとっても、そのいちばん身近な例が太平洋戦争だった」（おの2014: 157）という「みもふたもない」解析こそ、もっとも冷静で客観的な見解のはずなのだから。

たとえば『ゴジラ2000－ミレニアム』(1999年) の主人公「篠田雄二」は、「人間の作りだすエネルギーを憎んでいるのでは」と推測しているが（ウィキペディア「ゴジラ（架空の怪獣)」）、日本列島襲来を説明する根拠としては、よわすぎる。『キングコング対ゴジラ』(1962年) や『ゴジラ』(1984年) では「帰巣本能」が登場人物によって言及されているが（のむら2004: 69）、ほかの作品ではみられないようである。「評論家」たちによる「戦没者」説や「英霊」説

---

[5] ちなみに、佐藤健志「ゴジラはなぜ日本を襲うのか」は、疑問形で読者をいざないながら、それを最後まではぐらかすだけの、表題を完全にうらぎった論考である（さとー 1992）。

などのおおまじめな解釈は、作品中の「解釈」より、一見もっともらしくきこえるが、小野による、みもふたもない解釈がもちだされれば、一瞬にしてふきとばされるような「なぞとき」にすぎないだろう（あかさか1992, かわもと1994, かとー2010）。

また、ブログ『波のまにまに☆のアニメ・特撮のゆる〜いコラム』は、「ゴジラ・モスラ・キングギドラ　大怪獣総攻撃〜コジラと敗戦の密な関係〜」(2010-08-13) で、つぎのように分析する。

〔……〕本作の最大の特徴を一言でいえば、ゴジラの正体を「太平洋戦争で死んだ人間たちの残留思念」であると、きっぱりと言い切ったところにある。〔……〕

〔……〕劇中伊佐山が話す内容によれば、ゴジラの誕生には太平洋戦争で亡くなった人々の無念の思いがあるという。だが太平洋戦争で死んだのは何も日本を恨んで死んだ者だけではないはずだ。つまりこの太平洋戦争の死者の中には日本軍による被害者だけでなく、日本人の被害者だって含まれているし、当然日本軍の攻撃によって死んだアメリカ兵も含まれている。だがこうなるとやはり日本を攻撃するゴジラに説明がつかないのである。〔……〕「ゴジラは日本に戻りたい」と考えてみると、太平洋戦争中に進軍し、太平洋上で日本軍が駐屯した数多くの島々で散っていった日本兵の魂と考えることができる。また「日本を攻撃するゴジラ」と考えると、日本軍により殺されたアメリカ兵や太平洋上の島々に対する占領行為で死んでいった島の住民なども含まれるだろう。だがこうなると空襲で死んだ日本人や、原爆投下で死んだ日本人の魂はここからはじかれてしまう。そうなると伊佐山の説明した「ゴジラの正体」にたどり着かない。〔……〕」

(http://naminomanima2.blog78.fc2.com/blog-entry-273.html)

たしかに、制作者や観客は、戦死者などの無念を意識しつつ生産・消費をくりかえしたかもしれないが、広義の「戦没者」の怨念などを実体視しようにも、論理的に破綻するほかないのだ。明確なシリーズ化の構想なしに、いってはわるいが、おもいつきの企画をくりかえしてきたのだから、破綻する宿命をおっていたともいえる。そして、そもそも、「帰巣」とか「復讐」などが「襲来」の「動機」であるなら、日本列島からさっていったり、別の地へとかえっていったりするはずもあるまい。

　ちなみに、より「みもふたもない」議論としては、

> 「ゴジラは〔……〕東宝が生み出したドル箱キャラクターであり、シリーズ化が大成功を収めはじめた62年の「キンゴジ」以降〔……〕『若大将シリーズ』や『駅前シリーズ』に続く、3匹目のどじょうを狙った、誰もが安心して見ることができる、つまり先のストーリー展開を予想できる水戸黄門型の「定番」シリーズ化の産物であった。」　　　　　　　　　　　（はぎわら2012: 40）

という、冷酷な商品論がある。さらに「ゴジラ映画をやめさせない映画館と東宝製作陣」という指摘もある（いけだ2014: 178-9）。

　また、「『ゴジラ』は第一作では原爆がどうのこうのといったテーマがあったんだけど、あれは、日本で初めてああいうものを作るにあたって、一般の観客をフックさせるために、〔……〕その特殊な世界に入っていく観客の努力を軽くするために〔……〕とりあえず入れたもの、以上のものではないように思う。」「映画がヒットして、ゴジラというものが認知されたら〔……〕最初から怪獣を出していい」ということになる。『ウルトラマン』など毎週のシリーズとなれば「いちいち科学的な説明を徹底していたら、それだけでドラマは終わってしまう。」「怪獣映画におけるお約束だとか、様式だとか

いうものが〔観客・視聴者に周知・定着することが＝引用者注〕、実は特撮技術以上に怪獣映画には大切なもの」だ、といった、一層冷徹な議論さえある (からさわ2001: 28)。

唐沢俊一は、平成『ガメラ』シリーズ（平成三部作）が整合性・合理性にこだわり、そのなかで「フックをつくろうと頑張っていた」が、結局「われわれの認識している怪獣映画とは似て非なるものになってしまった」とかんがえた (同上: 28)。たとえば「怪獣が対決するとそれだけでその周りの人間たちにもたいへんな被害を及ぼす、ということを描いてしまう」ことで、「怪獣映画そのものの根本をおびやかしてしまう。」観客が「ガメラを応援できなくなってしまう」からだと。結局は「スタッフが煮詰まってしまって、あれだけ質が高いと絶賛されたシリーズが中ヒットくらいで止まり、三作で打ち止めになってしまった」と評した (同上: 28-9)。三部作をひきいた金子修介監督は、『1』『2』では「人が避難してから怪獣たちが闘う」という方針で制作しながら、『3』では、「別に本当のことをやっているわけではないんだ、ということで一気に、何万人も殺して」しまう設定へとひらきなおったと証言している (かねこ／つかもと1999: 113)。「ガメラ」シリーズについては、「平成ガメラ３部作」[6]、「大怪獣空中戦 ガメラ対ギャオス」[7]といった、少数ながら熱烈なファンがいることも事実だし、唐沢自身が『ガメラ創世記 映画監督・湯浅憲明』という、ガメラ作品（そして湯浅憲明監督）を絶賛する本をかいているが、唐沢が同時に、「ガメラ」シリーズが整合性・合理性に殉じたとして、その自滅性を指摘している点が重要だ

---

**6** http://homepage2.nifty.com/lordkurosawa/tokusatu/toku0130.html

**7** 『そふとましんの広場 ブログのネタは無限大♪』2013/12/13 (http://blogs.yahoo.co.jp/softmachinestick/25685651.html)

(からさわ2006)。

　もちろん「都市に象徴される近代西洋文明の受容」意識の深層をさぐるといった、社会学的な普遍主義をもって、近現代空間の本質をときあかす作業に、「怪獣映画」や「巨大ロボット」、隕石・小惑星急接近等、B級エンタテインメントを素材化する意味はあるだろう。だが、それは当然、特殊日本的な文脈からきりはなされるし、同時に、ナショナリスティックでセンチメンリスティックな解釈からは、ほどとおいものとなるにちがいない。無数に再生され、さらに作品中にコピーされた世界貿易センタービルの崩壊映像や、竜巻・津波など自然の猛威をふくめた、破壊とその結果としての廃墟イメージについて、「本来、人間は自分が絶対に安全であれば、惨劇を見て、恐怖を好む存在なのである。死ぬのはやつらだ」とのべ、「災害愛好症（カタストロフィ・コンプレックス）」が大衆的消費用の「商業化された商品」の基盤になっていると、西山智則はのべている（にしやま2012: 18-9）。

　その意味では、「怪獣はなぜ日本を襲うのか？」といったオタク的議論を、思想史めいたよそおいのもと、なぞときできたという「気分」は、そもそも問題設定がナンセンスな錯覚にすぎず、田畑らの「都市に象徴される近代西洋文明の日本における受容」をめぐる仮説を戦後の怪獣映画にさぐるという方針さえ無意味である可能性がたかい。すくなくとも、モスラに破壊される"New Kirk City"にかぎらず、すくなくともアメリカのエンタテインメントにおいて都市が破壊される設定は、別段例外的少数でなどないからだ。

　ただ、アメリカのような建国以来植民地国家にして、その後も植民地支配を太平洋・大西洋でくりかえしてきた帝国主義国家のばあい、「自分たちの土地や国民が襲われ」「自分たちの領土が侵され、住居が破壊され、とりわけ「女子供」が蹂躙されるようすが描かれる」シナリオが、なぜこのまれるのかを検討する意味はありそうだ。

なぜなら、そういった侵略（攻撃）されるような歴史的体験がない大国の大衆が、被虐的なシナリオをこのむ傾向があるとすれば、それは、集団心理の次元で病的な不安をかかえていることを意味するからだ[8]。

その延長線上で、近代日本（おもには戦前）のような帝国主義国家としての過去（積極性・主体性・暴力性）と、帝国主義の対象（受動性・従属性・脆弱性）としての経緯をあわせもつ国民が被虐的なシナリオをこのむ傾向があるばあいも、集団心理の次元で病的な不安をかかえていることを意味するし、それはアメリカや英仏両国のような一貫した帝国主義国家（そして、その経緯を根本的には自己批判したことがない国民）のケースとは、おのずと病理が質的にことなるだろうとかんがえられるからだ[9]。

また、何人かの論者がふれているとおり、核戦争（第三次世界大戦etc.）や原発事故に象徴される技術文明の制御不能性など、かなり具体的な不安があったのに、興行上の経済的圧力など娯楽映画の続編等がもたらす感覚マヒと、冷戦構造をふくめた国際情勢への感覚マヒが、当初のモチーフを完全に風化させてしまっていくプロセ

---

[8] ここでは、ふみこんだ議論はさけるが、おもにはヨーロッパからの宗教的迫害からの亡命を入植動機としていた建国当時の植民者たちの被害者意識＝ルサンチマンが、ミーム（meme）として集合的な無意識レベルで継承されている点と、建国期の先住民への虐殺などの加虐行為の抑圧＝自己欺瞞による偽善的正義感などは、みのがすことができないだろう。

[9] もちろん、ホロコーストなど否定しがたい蛮行と、それを用意したナチスへの全権委任（合法的な独裁政権への権限移譲）という集団的狂気を直視することで、公教育を抜本的にみなおした、旧西ドイツ。社会主義体制成立によって、それら自己批判的姿勢を国民各層からとりあげてしまい、西ドイツとの統合をへてもネオナチなどの暗躍をくいとめきれない旧東ドイツなどは、双方とも、戦後日本と異質だろう。

スなどは、充分解析にあたいするだろう。特に、唯一の原爆被害国民というアイデンティティが濃厚だった戦後の日本人が、同時に加害国の「核の傘」のもとに「保護」されているというグロテスクな矛盾、沖縄島周辺を中心に加害国の組織が常備軍として駐留しつづけているという植民地状況が、いかに国民に受容され、冷戦構造／崩壊など国際環境の変動・変容とともに大衆意識が変質したのか。空襲による無差別爆撃などを「対岸の火事」視する記憶継承＝世代間の認識の断絶と、阪神淡路大震災や東日本大震災など大規模災害の経験の影響などが、どう影響しているか。3月10日の東京大空襲（1945年）や9月1日の関東大震災（1923年）などが「防災の日」等、地域的に記念日化されたものや、6月や8月の「終戦の季節」[10]にくりかえされるイベントや報道番組やドラマなどの影響はどうか。これらは、社会学的な記憶論、広義の歴史社会学[11]の対象として、SFエンタテインメントとしての怪獣映画の政治性・社会的含意を抽出することを意味する。

　「9・11アメリカ同時多発テロ」や朝鮮半島情勢、東／南シナ海情勢などを契機とした、（冷戦期の反共イデオロギーと通底する）

---

**10** 念のためのべておけば、6月23日は沖縄県主催の沖縄全戦没者慰霊祭が開催されかつ政府関係機関以外の役所・学校が休日となっている「慰霊の日」、8月15日は日本政府主催で全国戦没者追悼式が開催される「終戦の日」にあたる。

**11** ここでは、近年支配的な史的社会学としての「歴史社会学」ではなく、知識社会学の一種＝歴史記述や歴史意識の社会学的解析を意味している。

テロ不安[12]や「21世紀版黄禍論」[13]の勃興をみるにつけ、アメリカ発の情報にひきずられ、ともすれば洗脳されることがおおい日本の大衆意識の現実をかんがえるなら[14]、ドラマや映画など、ポップカル

---

[12] 欧米社会やオセアニア地域の政府関係者などには自覚がないようだが、みずからの陣営を普遍的な存在とうたがわず（文化人類学的な相対主義等の欠落）、「他者」たるイスラームほかを、頑迷で狂信的な原理主義者とみなす、レイシズムがらみの先入観がイデオロギー対立の基盤としてある。それは、冷戦期のソ連・東欧を野蛮視し、みずからの反共イデオロギーや進歩史観などをうたがうことのない独善性とあきらかな共通性をもつとおもわれる。その起源は帝国主義時代にあり、第二次世界大戦時の反ファシズム戦線にもみてとれるであろう。

[13] この点についても欧米社会は自覚がないようだが、反中・反朝意識には、単純な反共イデオロギーではなく、21世紀ならではの「黄禍論」をみてとるべきであろう。日韓台や香港などの東アジア地域は、アパルトヘイト時代の「名誉白人」的なあつかいによって例外視されているにすぎず、欧米社会との摩擦が一定水準をこえれば、容易に「21世紀版黄禍論」の標的になるはずである。

[14] 経済産業省や農林水産省などを中心に産業保護主義などナショナリスティックに政官財が策動してきたと信じられているし、「従軍慰安婦」問題や「南京大虐殺」問題、「東京裁判」の総括と「おしつけ憲法論」など、反米的な意識が国民に共有されているようにみられている。それぞれの現象は、そうみられて当然の現実があるといえる。しかし、沖縄をはじめとする日本各地があきらかな軍事植民地であり、しばしば治外法権的な現実が露呈することへの反発は、韓国などと比較したばあい、不気味なほど「甘受」傾向があきらかともいえる。特に、日本の保守層の「最頻値」的人口ボリュームとしては親米保守指向が一貫した基軸であり支配的といえよう。60年安保や70年安保の敗退によって、日本のリベラル勢力や左派勢力はあきらかな劣勢におこまれ、すくなくとも反米軍的な政治意識（反米ナショナリズム）は、はっきり退潮した。イラク戦争への加担について、ほとんど自己批判のないこの10年間や、イスラエルの軍事テロへの無反応など、日本は、カナダ・オーストラリアなどとも異質な親米勢力であり、欧州と比較したとき、あきらかに従属的な政治姿勢に終始しているし、改

チャーへの地政学的・歴史的な意識（21世紀的な政治情勢を基盤とした）の影響は、重要なテーマとなるはずだ[15]。

　ところで、加藤典洋は「キングコング」が（ゴジラほどではないが）なぜニューヨークに「再来」するのかと、といをたて、奴隷交易によってエンパイアステートビルなどに象徴される空前の繁栄のいしづえをかたちづくったという経緯＝「過去の暗部」をかかえていたことに着目する（かとー2010: 165）。「そのことへの後ろめたさが、キングコングという不気味なもの、恐るべきものを作り出し、それが南方の、しかしけっしてアフリカではない、とある島から連れられてきて、白人女性に愛着を示し、最後、当時世界最高層のビルディングから落下して死ぬ、という物語」をよびこんでいるのではないかとする（同上）。そして、「最後に、キングコングが落下して死ぬ。そのとたんに、ある種の安堵とともに、いいようのない悲哀の感情が身内にわき上がってくる。それは、何かとてつもなく、取り返しのつかないことを、自分たちはしてしまったのではないか、というような、得体の知れない、畏怖の感じを伴う感情であり」、それと「ゴジラが死ぬ」ときににた感情がともなっているのではないか。「ゴジラ撃退（ゴジラ殺し）のために身を挺して「殉死」した芹沢博士」にむけた作業船乗務員たちの黙祷シーン（それは、ゴジラにむけた追悼ではないにもかかわらず）が、キングコングの死を

---

憲論議などでも、それがみてとれる。

**15**　ちなみに、ウィキペディア「怪獣映画」でも、それに対応する英語版 Wikipedia "Monster movie" でも、「原案」アメリカ、「主要生産国」日本、という構図はあきらかであり、これを単なる「アメリカ化」の一例でかたづけられない点もみのがせない。アメリカン・コミックやディズニー映画に影響をうけた日本のマンガやアニメが、単なる「アメリカ化」ではなく、日本的土着化の典型例としかみられないように。

目にしたアメリカ人たちと「似た悲哀の感情が今度は日本人の観客を包む」とのべる(同上: 166)。この類似性の妥当性については、判断がむずかしいが、「日本人にとってのゴジラ」と「アメリカ人にとってのキングコング」が、ともに「不気味で恐ろしいもの、しかし、いったん撃退され、殺されてみると、急激に安堵とともに、後悔の念とはいわないまでもある後ろめたさ、あるいは悲哀の感情を喚起する特別」である点で共通しているという指摘は重要だ。

ただし「制作者たちも、自分たちが作り上げたものが何だったのか、作った当座にはわからなかったはずである。この映画はなぜわれわれを惹きつけるのか。それが実は反水爆の映画だからだ、あるいは、反戦と平和希求の映画だからだ、というのは、その「不気味さ」から目をそらす、日本人の無意識の防衛機制でもあったのだろうと、筆者はひとり、考えている」(同上: 167-8)とまで推測するのは、いさみあしだろう。

そしてすくなくとも、それにつづけて「なぜ『ゴジラ』がその後、50年にもわたって、28回も作り続けられねばならなかったのか、ということも、以上に述べたことから了解されるはずである。〔……〕いったん、『ゴジラ』が「不気味なもの」として存在してしまった上は、これを衛生化、無菌化、無害化し、戦後の社会に馴致しなければならない」と断言する。「戦後の日本社会が、戦争の死者たちと正面から向かい合い、自分たちと戦争の死者たちの間に横たわる切断面、ねじれを伝って、相手に繋がる、困難な関係性構築の企てに成功していたなら、ゴジラは、その根底において、もはや日本に何度もやってこなくてよい意味記号に変わっていたはずである」(同上: 168)とのべるにいたっては、無残というほかない[16]。加藤

---

16  章末の【コラム 2-4：ゴジラ解釈の迷走】参照。

は世代的な限界だろうが、戦中派や団塊の世代あたりまでしか、「英霊」論などの影響下にないことが全然みえていない[17]。「英霊」の「鎮魂」を無自覚にしろ、かくれた鑑賞・解釈動機にかかえている層が、「平成ゴジラシリーズ」(1984-95年)の対象世代にいるはずがない。

そもそも、このようなわくぐみでの解釈は、「平成ゴジラシリーズ」や「ミレニアムシリーズ」(1999-2004年)などをふくめた包括的な説明などできないはずだ。そして、加藤が無自覚に「戦争の死者たち」≒「餓死者をふくめた戦(病)死者」とみなした「英霊」論＝怨霊論では、無差別爆撃で惨殺された無数の市民やこどもたちや、朝鮮系・台湾系・中華系など意思に反して強制動員された犠牲者たちなどまで、怨念の集合体の復讐の標的となってしまう構図が、説明不能になる（当時米軍は、軍需工場などだけを標的とする精密爆撃を目標にかかげながら、断念した。現代でさえ「ピンポイント爆撃」は、偽善の象徴で「誤爆」ばかりなのだし）。まさか、それら無辜の民までもふくめて、「のうのうと、いきのこりやがって」と、嫉妬に逆上して日本中を破壊しに「ゴジラ」と化したとでもいうのだろうか。そもそも、なにゆえ、ゴジラと化して帰還する怨念の集

---

[17] これも、加藤らの世代的限界だろうが、そもそも《第二次世界大戦での日本が敵国としてたたかったのがどこか》具体例をあげさせるクイズは、成人でも難問化しているのが現状だ。おもにアメリカと太平洋戦争をたたかい、後方支援などの物量・制度化など科学技術上の圧倒的格差によって惨敗し、戦後しばらく占領下にあったことさえ、わかもののおおくはしらない。ナチスの組織的犯罪を負の遺産としてそれだけに一点集中して教育をおこなってきたドイツの数十年の蓄積とは対照的に、戦後日本の歴史教育は破綻しているのである。中韓との険悪なムードも、たとえば重慶爆撃や南京大虐殺、中国人強制連行など、さまざまな歴史事実の矮小化・隠蔽のうえにある無知と「空論」の産物にすぎない。

合体には、東南アジアや太平洋各地で日本の将兵に惨殺され、餓死をしいられ、さらには性奴隷などとして蹂躙された男女たちの「成分」がふくまれないのだろうか？

結局思弁をかさねただけの加藤ら知識人の解釈の蓄積は、たとえばつぎのような歴史修正主義による軽薄な邪推が、一見「あたらずといえどもとおからず」の感をあたえかねない。

> 「1954年当時の日本人、つまり戦中派の人々には、『ゴジラ』によって正当化された「被害者意識」と同時に、「加害者意識」もあった。戦争をしてしまったという罪の意識だ。
>
> しかしこのとき注意しなくてはならないことは、戦中派の人々は、日本がどうして欧米相手の戦争に踏み切らなくてはならなかったかの理由を知っていたということだ。一般大衆にはそれすら知らされなかった、と広く喧伝されていることが事実無根のでっちあげであることは、佐藤優氏の『日米開戦の真実』などで完全に論破されている。
>
> だからこのときの罪の意識とは、戦争に負けてしまったという結果に始まる。勝ってさえいれば「尊い犠牲」だったものが、全部まるっきりの無駄になってしまったという後悔だ。
>
> つまり、戦中派の「加害者意識」とは、あくまで内向きのものだった。」　（ブログ「ゴジラは反戦映画か？〜東京大空襲と原爆」）

「ゴジラ」シリーズをはじめとして、核戦争をふくめた無差別爆撃の被害者意識（記憶）が明白なものは実在するが、そこに植民地支配や戦没者という、加害者性がからむ（戦没者自身が加害者であったり「銃後」であったり、加害／被害の重層性／相互性があるなど）ばあい、作品の含意＝政治性の解釈は、しばしば迷走しはじめる。さらにいえば、国民として戦没者の無念をとむらうとい

う、負の遺産の清算が、まずは必要で、近隣諸国などへの謝罪・賠償等のプロセスを拙速にはじめてしまったことに戦後の問題があるという、加藤の提起の妥当性に疑義が発生してしまう。大東亜共栄圏構想 (p.155参照) などうわべの大義などの空論におしだされ、無策な戦略（後方支援の軽視・無視）の犠牲として「犬死」した「英霊」たちの追悼が必要であるとしよう。それでも戦争責任の清算の優先順位は、第一に戦地・植民地で被害をこうむった住民の生存者たちであり、第二に「銃後のつま」たちや「学徒動員」「女子挺身隊」などのまきぞえとなった植民地出身者（戦時動員層≒準奴隷的存在）や非軍事的住民（乳幼児・老人・障害者・妊婦etc.）の生存者・遺族たちであろう。いくら、物資不足や戦略のまずさによる餓死・傷病死が大半だったとはいえ、「英霊」たちのおおくは戦闘員だったのであり、大半は戦地・支配地で加害者がわにいた。また、BC級戦犯として上官のかわりに虐待等に加担したとして軍事裁判で処刑された学徒兵にしても、植民地から動員された兵士・軍属などで処刑された層とはことなり、純粋に被害者、非業の死とは、いいがたい。「わだつみ」関係者の死者・遺族の無念は、想像を絶するものだが、それでも、かれらを追悼の最優先の対象とするという論理は、純粋な被害者・被動員層にとって、到底容認しがたいものであり、「戦中派の「加害者意識」とは、あくまで内向きのものだった」という非難は、形式的にただしい。もちろん、「勝ってさえいれば「尊い犠牲」だったものが、全部まるっきりの無駄になってしまったという後悔だ」といった軽薄で、欧米列強への対抗心・嫉妬心しか作動していない右派的な非難は、ナンセンスなのだが[18]。

---

18 この「勝てば官軍」的な虚無的な戦争観（「なにかのまちがいで、日本が戦争にまけなかったら、こんな屈辱的な戦後史はなかったはずなのに」といった嫉妬心にみちた史観）には、たとえば日中戦争など、（米英蘭仏ソ

ところで、文芸批評家の高橋敏夫(たかはし・としお)による第1作『ゴジラ』に対する「視点」論的解析は秀逸なので紹介しておこう。

> 　「まず、圧倒的に「逃げる群衆」の側に視点がある。〔……〕集団として「逃げる群衆」がはっきりと映像の手前にとらえられる視点である。逃げている人々のなかの誰かが立ち止って、うしろを見上げているような視点である。恐怖のゴジラを背後に感じながら逃げていて、しかし、それを見ずにはいられない人々の視点、といいかえてもよい。」
>
> 　「〔……〕『ゴジラ』をゴジラ映画の最大傑作だとみなす人々が一様に「そこには恐怖のゴジラがいた」と語るのも、おそらく、この「逃げる群衆」の視点の選択にかかわっていたにちがいない。
>
> 　しかし「迎え撃つ防衛隊」の視点もある。ゴジラが東京湾からはじめて東京に上陸する際の視点がそうである。機関銃で攻撃する防衛隊の眼前をゆっくりとすすむゴジラ、という図である。大砲で、戦車で、そして五万ボルトの電流を通した有刺鉄線で、防衛隊がゴジラを迎え撃つ場面は、防衛隊視点でくりかえしうつしだされる。
>
> 　〔……〕ゴジラ映画の観客のかなりの数の人々が防衛隊〔視点＝引用者注〕になっていたと思われる。
>
> 　しかし、視点は「ゴジラ」にもあったのである。〔……〕その視点からいくどか、「逃げていく群衆」が、燃える建物が、防衛隊

---

といった帝国主義国家群が直接には関係しない）東アジア民族間での戦争について、なんら反省意識が作動しない。そればかりでなく、こういった戦争観は、大東亜共栄圏構想の本質、具体的には、羊頭狗肉というよりは偽善・欺瞞にみちみちた日本軍・臣民たちの共同幻想・イデオロギーなどが完全に視野からはずされた自己欺瞞だろう。

がとらえられる。〔……〕しかし、ゴジラ視点〔……〕は、「逃げる群衆」視点と防衛隊視点にくらべてきわめて少ない。

〔……〕

視点の選択からすれば、ゴジラ映画の視点の政治は、明らかに、秩序の側からの世界の組織化の行使といってよいだろう。ゴジラを「恐怖のゴジラ」ととらえる見方は、この視点の政治によってもたらされたと考えれば、たしかに根拠のある見方だったのである。」

(たかはし 1998: 228-9)

「多くの者は「逃げる群衆」になって「恐怖のゴジラ」をより強く感じる者となった。また、ある者は「迎え撃つ防衛隊」により近く位置する場所で「好敵手としてのゴジラ」にむかいあう者になった。これらの者は、ゴジラ映画の視点の政治に従順だったことになる。

そして、ある者は、ゴジラ映画の視点の政治から脱落するか逃げ出すかして、「逃げる群衆」と「迎え撃つ防衛隊」を眼前にとらえてゆっくりと歩むゴジラにちかづいた。ゴジラにかさなったときの感情は、ひとりあることの孤独であり、破壊の快楽であり、あるいは、どこにもじぶんの居場所をみいだせないとまどいと焦燥であり、じぶんにむけられえた恐怖と殺意のうけいれがたさであり、あるいは……であった。

もちろん、これら三者は、けっして不変の位置をしめていたのではない。三角形の角に位置して不動の者はすくなかったはずである。それぞれの角に近い線上をゆれうごいていたにちがいない。

だから、「恐怖のゴジラ」を感じながらも、破壊の快楽を覚えていた者もいたし、破壊の快楽を感じつつ、時代後れでグロテスクなものを撃つという残酷な快楽にふるえていた者もいただろう。『ゴジラ』を観た者の印象として語られるのは、ひとつの感情というよりは、むしろこうした相反する感情、あるいは複数の感情

である。恐怖が中心であるものの、いくつもの感情がそこにはある。」

(同上: 231-2)

　こういった秀逸な「視点」論にたどりついた「高橋少年」の体験・回想の解析は、「ネタばれ」しないように、ふせておこう。「高橋少年」が、「子供」が基本的に登場しない（ストーリー展開上、こどもが、「ゴジラ」シリーズほとんどで不在）のに、徹頭徹尾「子供」映画である（こどもだまし、という意味でなく）という重層的な構造にふれたことで誕生したらしいことだけ、ここでは指摘しておく（たかはし 1998: 234-8）。

　さて、本章をしめるにあたって、金城哲夫らが、怪獣＝悪者論（いわゆる勧善懲悪にもとづく正邪図式）をさけようとしていた、という議論の周辺にふれておく。

　たとえば法学者の萩原能久(はぎわら・よしひさ)は、

> 「『ウルトラマン』シリーズ全編を通して登場する怪獣たちは、その数600種類を越えるが、その大部分は巨大さと凶暴さのみが強調され描写されている。そして彼らは、最終的にはウルトラの戦士たちが繰り出す必殺技の前にあえなく壮絶な最期をとげるのである。対するウルトラマンの側は、宇宙と地球の平和を守る「正義の味方」であるという位置づけが定説化しているが、はたして本当にそういい切れるのであろうか。」

> 「〔……〕初期のウルトラマンでは、騎士道精神にのっとり一対一で怪獣と対決していた。が、シリーズ化されたその後期にいたっては、〔……〕家父長主義的イデオロギーを隠蔽しながら、集団リンチか「いじめ」よろしく、よってたかって怪獣をなぶりものにしているとしか思えない話さえある。」

(はぎわら 1991: 61-2)

とのべる。この文章がおさめられた論集が一種のジョーク集だったとはいえ、これらは萩原らのホンネとかんがえてよかろう。

さらに、作家・諫山陽太郎(いさやま・よーたろー)のばあいは、

> 「外来の、ありがたいお経という〈ことば〉によって退散させられてしまう、〈あわれ〉で寡黙な土着の神々が断末魔にのろい、たたったように、怪獣たちは、「科学特捜隊」の前で、もがき、あらがう。しかし、その抵抗も空しく、最後は、太陽〈神〉である大日如来(東大寺の大仏)のようなウルトラマンに退治されてしまう。」
>
> 「『ウルトラマン』は、仏教やキリスト教やイスラム教などのグローバルな〈神〉が土着の神々を駆逐していく過程を正確になぞっており、画面や物語からただよう土俗的な雰囲気は、滅ぼされていく土着の神々の〈あわれ〉から立ち上ってくるものである。」
>
> (いさやま 2006: 64)

などと断言する。

しかし、大野隆之(おーの・たかゆき)[19]は、つぎのように、金城哲夫の多面性を指摘

---

[19] 大野隆之は沖縄国際大学総合文化学部日本文化学科教授。日本文学史、現代文学理論などを担当。『オキナワの中年』(楽天ブログ, http://plaza.rakuten.co.jp/tohno/) に沖縄文学をふくめた書評や論考があがっているだけでなく、「ウルトラマン研究」と称するデータベース(「ウルトラマン略年表 ver.2.2」「金城哲夫研究文献目録 ver.2.1」etc.)や金城哲夫論数篇をふくめた論文がまとめられている。ちなみに、「オキナワの中年」というブログ名は東峰夫の芥川賞受賞作『オキナワの少年』のモジりであろうが「オキナワの少年試論─〈マイナー文学〉の視座から─」(http://plaza.rakuten.co.jp/tohno/4001/) には、当然のことながら、ふれられていない。大野のもつ沖縄像、および自画像は「まなざされる沖縄／生きられる沖縄

する。

> 「「ウルトラマン」においては、金城単独のシナリオとしては、ウルトラマンが直接怪獣を殺すことは少ない、といった指摘がある。これは事実である。しかしここから金城は「怪」獣に対して限りない同情を抱いていたと結論づけるのは早計であり、例えば「科学特捜隊」の任務に対する責任感を主なモチーフとする「オイルSOS」では、ウルトラマンは瀕死の「怪獣」にあっさりととどめを刺している。」
>
> （おーの 2004: 35）

大野はともかく、もし萩原／諫山らの一般化がただしいならば、つぎのような、いたいたしく、しかも、かなりグロテスクな解釈を介在させないといけなくなるのではないか？

1) 脚本家としての金城哲夫や上原正三は、商業主義など

---

(http://plaza.rakuten.co.jp/tohno/5008/) に如実にあらわれているとおもわれる。「本心はわからないが、目取真はこの時期から、虚構を離れ、具体的な政治的言説にシフトしていく。その言説は、本当に小説家目取真俊の文章か、とにわかには信じられないほど硬直したものであり、戦後、もしくは復帰後の沖縄の歩みを全て否定するような、極度に急進的なものである。そしてそれは、日本赤軍の末期にも似た、危険な兆候を持っている」といった政治的断定をおこなった大野。「ウルトラマン研究」も、非政治的な文学研究としてではなく、こういった文脈のなかで再検討されねばならないだろう。

なお、大野の「ウルトラ」シリーズについての痛烈な批判を展開しているのが、いちかわ・じろー「9　おーの‐たかゆき（大野隆之）　おりえんたりずむ‐がえし」（『「のんまるとの　ししゃ」（うるとらせぶんと　せんじゅーみん　1）』）。いちかわは、大野にかぎらず、既存のウルトラセブン論を体系的に批判している（いちかわ 2014a, b）。

に単純に敗北したか、自分たちの被害妄想的な暴力性ゆえにか、無自覚に正邪二元論的なヒーローものを制作しつづけた。
 2) 沖縄出身者である両名は、亡国の末裔として自覚的にか無自覚のうちにか、琉球王国など「まつろわぬ民」(＝周縁部分に点在した異文化集団)が「〈あわれ〉で寡黙な土着の神々」として退治されてしまう宿命＝悲劇をえがきつづけた。

ちなみに、文学研究者の粂川万里生(くめかわ・まりお)は、

> 「様々な事情により、止むを得ず人間社会を破壊する羽目に陥った怪獣たちを、遠い星から来た流れ者のような(それゆえ「神」にも近い)ウルトラマンがしばしば手加減しながらも倒してこそ、ウルトラ・シリーズは辛うじて安易な勧善懲悪ドラマから脱することができた。」
>
> (くめかわ2012: 111)

とした。

粂川はそれを「円谷プロダクションが製作する怪獣映画として、戦没者の霊を引きずっている」からだと解釈している(同上)。しかし、金城や上原たちは「戦没者の霊を引きずって」いただろうか？ そもそも沖縄戦や対馬丸事件[20]などの体験者・関係者(沖縄県出身者)が、南洋での「英霊」に複雑な心理を共有していたとはおもえ

---

**20** 「1944年8月22日、〔……〕1788人を乗せた学童疎開船「対馬丸」(6754トン)が、鹿児島県沖で米潜水艦の魚雷攻撃を受けて沈没した。対馬丸記念館(那覇市)によると、名前が判明しているだけで、779人の学童を含む1476人が犠牲になった。」(対馬丸事件『朝日新聞』朝刊 2010年12月04日)

ない(もちろん、南洋群島に入植者としてくらした親族の帰還などは重大な関心事だっただろう)。一方、日本軍将兵の大半は自分たちをまもるために米兵とたたかってくれた犠牲者といった意味あいは例外的で、むしろ「友軍」イメージをうらぎり、しばしば集団死を強要するような存在であり、反戦平和意識の反面教師的存在として戦後位置づけられていたとおもれるからだ。

また、切通利作らは、『帰ってきたウルトラマン』の「怪獣使いと少年」の設定を解析することで、担当した上原が怪獣がわにくみしているとし、島田裕巳は上原が意識的に「アンチ英雄神話」を表現したと解釈する(きりどーし1991、しまだ1992: 155-6)。日米両国に植民地化されているとの認識を共有していた上原らは、商業主義のなかにあっても、児童むけヒーローもの(≒勧善懲悪)というジャンルを超越した表現をのこしたといえよう。上原らにインタビューをおこなった切通の「正義論」を再検討する必要がありそうだ(きりどーし1992: 69-86)。

なお、大城信哉は、金城哲夫作品が「論者ごとに過度に自由な読まれ方をしてしまう」原因として、基本的に「面白さだけを追究して」いるようにみえるなど、「一貫した作者の思想」がよみとりがたい点を指摘している(おーしろ2009: 91)。そもそも円谷プロでの企画自体が個人作業でないし、さらに個々のエピソードをつくる段階でもシナリオ作家が個別に作品をかくシステムになっていない以上、「実際にどの部分が金城の意向〔……〕であるのか見極めるのはほとんど絶望的だ」(同上)という。大城は「多数の頭で考えるこのヒュドラ的姿勢」により「作家の個性に縛られることのない陰影に富んだ物語を紡ぎだすこと」こそ金城の本領であり、「個々のエピソード〔……〕から金城の思想を読み取ろうとする作業は、あまり意味がない」とする(同上: 92)。たとえば「多くの論者がそこに金城の特別な意図を読みたがる『ウルトラセブン』「ノンマルトの使者」

にしても、〔……〕最終話に向けて主人公ダンとヒロインのアンヌを近づける伏線こそ主眼で、地球の先住民云々の物語はそこに付与された交換可能なひとつの味付けだと見る方がよほど妥当である」とさえ断じる（おーしろ2009: 93）。

## 【コラム 2-1：初代ゴジラの「進路」】

　小説家・構成作家の木原浩勝が第1作『ゴジラ』（1954年）におけるカメラアングルから推定する円谷英二や本多猪四郎らの視点はきわめて詳細で具体的だ（きはら2001: 41-4）。たとえば、東京湾から上陸してくるゴジラがいたとすれば、避難民は海岸方向から反対方向ににげるのが当然であり、そういった視座からすれば、「芝浦から上陸して隅田川に逃れるゴジラというのは〔……〕左側を見せているに決まって」いるとか、「山の手」がわにむかった避難民から「東京の燃え盛る炎」をみたとすると「手前にゴジラ」が位置し、「まさに東京大空襲の原因と結果が一つの画面に収まる」(同上: 43)といったぐあいである。木原は、円谷や本多らのカメラアングルの意図を、山の手がわにのがれた避難民の海側の上空（B29／ゴジラ）をみあげる視線と、そのしたにひろがる「火の海＝都心部」をなすすべもなく呆然とながめる視線の両方を同居させるものだと解釈している。

　ちなみに、昭和文学専攻の小林豊昌によれば、

　　「ゴジラは9年前の現実の空襲と違い、深川、本所、錦糸町、亀戸という、東京大空襲で最も被災した地域に進行しなかった。隅田川を渡らなかった。」〔隅田川以東は＝引用者注〕戦前の風致が跡かたもなくなってしまった。」「そこには、ゴジラと対等になりうる巨大なビルや建造物、つまり復興した日本を代表する近代

都市の様相がなかった。」　　　　　　　　（こばやし1992: 35-6)

とのこと。ゴジラが破壊したのは「関東大震災をうけて、帝都復興のために都市計画を区分けした地図〔……〕のなかに赤く塗られた地域〔……〕品川から始まり、田町、芝、丸の内、銀座、上野、浅草にいたる地域」であるという (同上: 36)。「まさにこの赤くぬられた「商業地区」こそ、「大東京の中心部」であり、昭和二十九年のゴジラの上陸進行コースを決定した」と (同上: 37)。こうしてみてくると、「ゴジラはなぜ皇居を踏めないか」(赤坂憲雄) といった、しばしばもっともらしげにくりかえされた議論の大半は知的遊戯のたぐいといってよいだろう。

　また、ゴジラの詳細な「進路」案内は、いのまた (2009: 82-5, 90-3, 110, 112-3; 2010: 116-7, 121-5, 128-30)、および、のむら (2014) などがくわしい。ただ、野村宏平によれば、たとえば初代ゴジラ (1954年) が「たどったルートに関しては、空襲をなぞったものとはいいがたい。」もちろん「スタッフ全員が戦争を経験していたわけだから〔……〕描写が、戦災をイメージしていたことは間違いない。〔……〕脚本に「まるであの空襲警報を思い出すようなサイレンの音が長い尾をひいて鳴り始める」というト書きもある」からだ (のむら2014: 35)。しかし、「ゴジラの被害を受けた品川駅や南寺町、伊皿子町は、空襲をまぬがれた地域」だし、「ゴジラが最後に襲った勝鬨橋両岸の小田原町（現・築地）と西河岸通り（現・勝どき）も空襲の被害を受けておらず、現在も戦前の街並みをとどめている。」(同上: 35-6)

　　　「ゴジラの陸上ルートは十五区時代の旧・東京市の範囲に収まっており、そこから一歩も出ていないが〔……〕東京における空襲の範囲はそれよりもはるかに広かった。しかも、四五年三月十日

の東京大空襲で初期段階に攻撃され、とりわけ隅田川東側の深川区と城東区（現在の江東区）、本所区（現・墨田区）には、まったく手をつけていない。」 (のむら2014: 36)

「なぜ、ゴジラがそのエリア〔隅田川東側＝引用者注〕を襲わなかったかといえば、理由は簡単。めぼしい建築物がなかったからだ。〔……〕商業映画として観客を惹きつけるためには、誰もが知っているようなシンボリックな建築物がターゲットにされる必要がある。だからこそゴジラは、銀座や国会議事堂を襲撃した。上野や浅草という地名も、全国的に知名度が高い。〔……〕ゴジラのルートは、当時の典型的な「お上りさん」コースなのである。〔……〕そう考えると、まったく違うモデルをそのルートに当てはめることも可能になってくる。「はとバス」のコースである。〔……〕『ゴジラ』が公開されたころには順調に業績を伸ばしていた。〔……〕定番ともいえたのが「都内一日Ｃコース」だ。そのルートは〔……〕明治神宮・外苑方面を除けば、ゴジラのルートときわめて近似しているのではないか。〔……〕「はとバス」草創期の乗客は銀座のネオンを見て、その復興に感激したというが、随所にネオンが挿入されるこの映画も、それと同様の役割をはたしていたのではないだろうか。そして、ようやく輝きを取り戻したその街並みが、こんどはゴジラという水爆の落し子によって、ふたたび灰塵に帰してしまう。それを目の当たりにした当時の観客がうけたインパクトは、戦後生まれの人間には想像もつかないほど強烈だったのではないか。」 (同上: 36, 38)

さきに、小林豊昌の歴史的解析を紹介したが、それさえうがちすぎなのかもしれない。

同時に、旧江戸城（現「皇居」）を破壊せず一周した初代ゴジラの進路は、大阪城の粉砕（『ゴジラの逆襲』1955年，のむら［2014: 53］）

や名古屋城の破壊（『モスラ対ゴジラ』1964年，同上［2014: 142-3］）などと比較したとき、あまりに意図的なことも、あらためて浮上する。天守閣がないために、「ゴジラが皇居を襲ったところで、巨大建築物があるわけではないので、インパクトのある映像になるとは思えない。むしろ、ゴジラのパワーを見せつけるなら、国会議事堂を破壊させたほうがはるかに効果的だろうことは、だれの目にも明らかである。」「それまでのルートから考えても、ゴジラは大通りに沿って歩いているわけで、わざわざ道路からそれて皇居に向かう理由もない」と、野村は一見もっともらしい解釈を提示する。しかし「〔第1作に登場した＝引用者注〕山根博士がいっているように、ゴジラは光に反応する習性を持っているため、森に覆われた皇居に関心を示すとは思えない」（のむら 2014: 30）という正論めいた解釈が、実は旧江戸城などを回避するもっともらしいゴジラの「行動原理」とは菊のタブーと商業主義の絶妙の癒着だったことを、かえって浮上させる。激論がかわされたあと国会の専門委員会は解散となったのか、それとも夜間ゆえか招集されていない模様（破壊される国会議事堂は照明がついていないとおもわれる）。夜行性にしては、巨大な議事堂が進路をさえぎっていることにゴジラは目前になるまできづかず、無人のランドマーク（おそらくテレビ塔とならんで、当時の東京で突出していたはず）をやけになって破壊する構図となった。

　それはともかく、唐沢俊一は、「怪獣映画が製作当時の日本における、最も先端の近未来像を反映し」「都市破壊においては、裏から観た都市論とも言うべきメッセージ性を強く持っていた」とし、「派手な武器と怪獣が決戦をくりひろげる舞台となる、東京をはじめとする大都市の光景もまた、なくてはならない要素」であり、「ここまで都市の描写にこだわる映画は、怪獣映画以外、まずない」とまでいう（からさわ 1999: 147）。たとえば『キングコング対ゴジラ』での1960年代初頭にはじまる公団住宅を舞台とする生活スタイルの

えがかれかたなど、唐沢少年にとっては「いかにも"東京"という感じにあふれた団地の生活に、焼け付くような魅力を覚え」させるものだったし、当時渋谷区にひっこした、いとこの団地を、夏休みにおとずれた唐沢少年は「これがあの、ゴジラに出ていた団地というものか」と探検したという。

> 「地方都市に居住する子供たちにとって、怪獣映画は東京という街を想像する、唯一の窓口だったのではなかったか。1954年のゴジラ第1作は、勝鬨橋、銀座時計塔、国会議事堂など、はとバスツアーのように東京の名所を回って、そこが破壊される様子をわれわれに鑑賞させた。」 (からさわ 1999: 148-9)

## 【コラム 2-2：核兵器時代初期の楽観主義ノート】

さきに (p.31) みたとおり、長崎での被爆で落命した永井隆をふくめ、1940年代後半の異様な楽観主義は、後年反原発派へと転換し原発擁護論に作品を動員されることをきらった手塚治虫(1928 – 89)などの『鉄腕アトム』などにもみられるとおり、当時一般的なふんいきだったこともみのがせない。

たとえば、文芸批評家の高橋敏夫がゴジラ論で指摘しているように、つぎのような物理学者の楽観主義やエリート主義は、わすれるべきではなかろう。

> 「当時の民主主義的科学者のひとりが、日本の敗戦は世界中の科学者が連帯して日本の野蛮を追放しようとした成果であり、原子爆弾は科学者の勝利のしるしであった、といった意味の文章を書いていたことは記憶されてよい（武谷三男「革命期における思惟の基準——自然科学者の立場から」）」 (たかはし 1999: 108)

アメリカの水爆実験を批判しつつソ連の核配備を擁護するなど、武谷三男(たけたに・みつお)(1911‒2000)の議論は米ソ政府などによる洗脳工作の結果ではなく、「ラッセル＝アインシュタイン宣言」などがだされる以前の物理学者たちの独善性が如実にしめされたものといえよう（論文の掲載媒体は、民主主義科学者協会自然科学部会編の『自然科学』創刊号、1946年6月）。しかも、武谷は1980年代になっても、同様な主張をくりかえしていた。

> 「今次の敗戦は、原子爆弾の例を見てもわかるように世界の科学者が一致してこの世界から野蛮を追放したのだとも言える。
> そしてこの中には日本の科学者も、科学を人類の富として人類の向上のために研究していた限りにおいて参加していたと言わねばならない。
> 原子爆弾を特に非人道的なりとする日本人がいたならば、それは己の非人道をごまかさんとする意図を示すものである。
> 原子爆弾の完成には、ほとんどあらゆる反ファッショ科学者が熱心に協力した。」 (たけたに 1982:51)

## 【コラム 2-3：アメリカ国民の被害妄想】

「2001年にアメリカ同時多発テロ事件が発生した際には、このテロを真珠湾攻撃と同様のものだと」する議論が多数でた（ウィキペディア「真珠湾攻撃陰謀説」）ように、アメリカ国民が、きわめて被害妄想的である点は、特筆すべきであろう。

もし「真珠湾攻撃」への「反撃」の動機に「復讐」心理がぬぐえないといえるならば、2000名強程度の人的被害（真珠湾攻撃のばあいは軍人）に対して、《無差別爆撃による数百倍にもわたる民間人虐殺で応報的に行動したアメリカ政府》という総括が可能である。

おなじく、2001年の「アメリカ同時多発テロ」の3000名強程度の人的被害に対しては、「誤爆」等によって、アフガニスタンやイラクの民間人を最低でも数十万人殺戮し、しかも現在までのところいっさい自己批判しない近年のアメリカ政府は、「真珠湾攻撃」への「復讐」とあきらかに通底する暴力性がみてとれる[21]。

しかも近年の政権へのアメリカ国民からの批判の動向をみるかぎり、国民の大半が、この70年ちかくまえの歴史的現実を反省していないらしいことも、あきらかだろう。「自分たちには、全然おち度がない」という被害妄想的独善性が基盤にあり、「民間人であろうが、大義のための犠牲は必要悪」といった冷酷なわりきりにもとづく数倍から数百倍にもおよぶ「倍がえし」の論理＝自己正当化が官民ともに発動する構造がみてとれる。年代・世代をこえ歴史的事実が無視されつづけている点で「現在完了進行形」といえよう。

### 【コラム2-4：ゴジラ解釈の迷走】

「戦禍の表象だったゴジラは次第に飼い慣らされ、アメリカの象徴であるキング・コングと戦う『キング・コング対ゴジラ』（一九六二年）が示すように、日本の味方になってゆく。一九六八年の『怪獣総進撃』では、エイリアンに操られる宇宙怪獣キングギドラという外からの敵に対して、ゴジラを中心とする

---

[21] "New Study Estimates Nearly 500,000 Died in Iraq War"（TIME, 2013/10/15）(http://world.time.com/2013/10/15/new-study-estimates-nearly-500000-died-in-iraq-war/)
「アメリカはアフガニスタンで何人の人々を殺したのか!?」（アメリカの戦争拡大と日本の有事法制に反対する署名事務局）(http://www.jca.apc.org/stopUSwar/Afghan/pamphlet_afghan_summary.htm)

> 日本の怪獣は富士山麓に集結する。ゴジラに自分たちを重ねた日本が、アメリカを表すキングギドラという金色の怪獣と対決する図式が、『怪獣総進撃』だ。」
>
> (にしやま 2012: 24)

と、こういった、ナショナリズムとの関連から俯瞰する議論がある。
ほかには、

> 「ゴジラは、周知のとおり『三大怪獣 地球最大の決戦』(昭和三十九年十二月公開)以来、突如人類の味方というアイドルゴジラになってしまう。造形もおちゃめになり、「子供たちが親しみをもてるように」デフォルメしていくという、大人の愚考を実践していく。大人が、子供たちに媚びる時代の始まりであったのかもしれない。子供は、自分たちに媚びる大人を軽蔑しているのに、大人たちはそれに気づかず独善をつづけていた。」
>
> (こばやし 1992: 126)

と当時を堕落と断罪する議論もある。「ゴジラ」シリーズ全体を、「原点」を不動の準拠わくとして「衛生化、無菌化、無害化」(加藤典洋)と単純化して総括できるとする、いさみあしの暴論とは別個に、「ゴジラ」シリーズの展開におけるナショナリズムとコマーシャリズムに関連性がないか、特撮怪獣映画をとりまく国際情勢や市場原理を再検討する意味はありそうだ。
　一方、加藤典洋らの議論をまにうけた議論は、すくなくない。たとえば、笠井潔は、つぎのような「暴走」をかくさなかった。

> 「3・11の地震、津波、原発事故という巨大複合災害は、すでに方向づけられていた「戦争と衰退」への道を決定的に加速するだろう。地震や津波と第二次大戦の死者たちに物理的な因果関

係はないとしても、国民意識の想像的次元でいえば話は別である。「衛生化、無菌化、無害化」されたはずのゴジラは、南海ならぬ日本海溝の底に66年ものあいだ潜んで、「平和と繁栄」の戦後日本を蹂躙し倒壊させる機会を窺っていた。かつて裏切った戦死者をゴジラという形で想像的に呼びだし、ゴジラ映画を作り観ることで怨霊を鎮めようという努力さえ忘れ去られた2011年3月11日、ついにゴジラは日本列島に上陸した。」 (かさい2011: 12)

「しかし中沢〔新一＝引用者注〕は3・11が、日本人の想像的次元で「ゴジラ＝戦死者の亡霊」の襲来だったことを都合よく忘れている。」 (同上: 21)

「地震や津波と第二次大戦の死者たちに物理的な因果関係はない」のは自明の理でしかない。「因果関係はないとしても」などと議論をねじまげ、「英霊」の「犬死」などになんら道義的責任など感じる必然性も倫理性もないはずの戦後世代に「負の遺産」をおしつけるばかりか、自然災害（津波被害と原発震災に人災的要素がからまるとはいえ）とアジア太平洋戦争に対する清算意識とを直結させる非倫理性＝知識人たちの業。それは、世代（加藤・笠井はともに1948年うまれであるが）の病理であろうか？ それは、たとえば前述した (p. 31) 臨床医学者・永井隆＝カトリック信者の「浦上燔祭説」のような世界観とはもちろん異質であるばかりでなく、単に軽薄な知的遊戯にしかみえない。ウンチクをもって「英霊」にかこつけることで、被災者を冒涜していることに無自覚としかおもえないからだ。

# 3章
# アメリカ人のゴジラ受容

**本章のあらまし**

アメリカ本土は、第五福竜丸事件をふくめた「三度の被爆体験」をきっかけとした「ゴジラ」のような制作・鑑賞の基盤をもちようがなかった。大衆にとって、ソ連との核戦争の不安も所詮は対岸の火事であり、ゴジラは核兵器で退治される怪物とするボードゲームのキャラクターにされた。初代ゴジラを「編集」したアメリカ版『怪獣王ゴジラ』では、水爆実験とゴジラとの関連性を否定し、ゴジラから被曝した被災者の存在を隠蔽、ゴジラが復活する可能性にふれた原作の最終場面のセリフをカットし、アメリカ版用にでっちあげた主人公に「脅威は去った」と断言させるなど、およそ「編集」の域を完全にこえた破壊だった。大衆は、自国の再三の水爆実験こそ第三次世界大戦のリスクの元凶だとか、原爆投下で無抵抗の市民を大量殺傷したなど、戦争犯罪の間接的当事者であることを自覚したくない。破壊的加工は、戦争国家アメリカの国民の精神衛生上＝マーケティング上の必然的産物だった。

しかし、そうした「脱日本化」した作品を消費する大衆のなかから、ゴジラマニアなど日本産怪獣ファンが蓄積していき、日本イメージが形成されていく。ミュソッフやツツイら知日派怪獣マニアもその産物だった。戦争責任の自覚やサブカルチャーをとおした日本理解という意味で、知日派を再生産する重要なパイプとなってきたのが怪獣映画だったのだ。

ハリウッド映画にながれこんでいる北米思潮に伏流する「恐竜」イメージなども、日米間での文化差（「未知の恐怖」etc.）の説明要素として重要かもしれない。ガメラやモスラを「恐竜」もどきでは説明しきれないように。

## 3-1
## アメリカの大衆の知性

ところで外国人のゴジラ・マニアも多数おり、論評も少数とはいえない蓄積がある以上[1]、一部の論者によってだけ代表させるのが危険であることは、いうまでもない。しかし、たとえば知日派文学研究者にしてゴジラ・マニアでもあるピーター・ミュソッフや、前述の現代日本史研究者のウィリアム・M・ツツイらによる、アメリカ人によるゴジラ受容論などは重要な意味をもつはずだ。なぜなら、アメリカ人が「パニック映画」＝被害妄想的な「叙事詩」を再三制作・消費する文脈は、前述したように、基本的に被害国になりそうにないがゆえに屈折したものだからだ。「アメリカ本土」は、たと

---

[1] チョン・A・ノリエガは、ゴジラ映画が無視されたり軽視されたりしているととらえ、それはまがいものあつかいをうけていた時代 (1950年代) の「メイド・イン・ジャパン」と同質の位置づけと、「抑圧の力学」がはたらいているとする (ノリエガ＝和波訳, 1999: 48, 252)。たしかに、文学や芸術系の映画やアニメーションなどと比較すれば、怪獣映画論は総じて低調なのだろう。しかし、ノリエガ自身が不満げに研究史をふりかえっているにせよ (同上: 252)、議論の質・量はともかく、たとえば「対抗文化の旗手」(ミュソッフ＝小野訳, 1998: 26-7) として位置づけられる、とする論者がいる以上、黙殺された存在ではないといえよう。すくなくとも、ウィリアム・M・ツツイの"GODZILLA ON MY MIND"には、英語圏にかぎってもおびただしいゴジラ評の存在が蓄積されていることがたしかめられる (ツツイ＝神山訳, 2005)。ただ、北野圭介『日本映画はアメリカでどう観られてきたか』では、黒澤明／溝口健二／小津安二郎／大島渚など世界的に著名な巨匠たちへの評価史だけでなく、近年の伊丹十三や日本アニメへの評価をとりあげながら、ゴジラ／ウルトラマンをはじめとした特撮映画については、完全に黙殺している (きたの 2005)。『ゴジラ』第1作などが、キワものあつかいをうけた時代と同様、B級映画のたぐいは無視していいという軽侮のあらわれだろう。

えば「三度の被爆体験」[2]をきっかけとした『ゴジラ』(1954年) のような観客をもちようがない。

　たとえば、ミュソッフによる、アメリカ人によるゴジラ受容史は、めまいがしそうな次元で展開したことがわかる。

　そのひとつ、アメリカのオモチャ会社がつくった「ゴジラのボード・ゲーム」(1963年発売) についての、つぎのような記述はどうだろう。少々ながいが、ミュソッフの批判をひく。

> 「ゲームを入れた箱には、ゴジラがブルックリン・ブリッジへと踏み進みながら、ロウアー・マンハッタンの摩天楼に放射能の息を吐きつけている姿が描かれている。〔……〕ゲームをする者はゲーム盤の上の四角い小さな路をたどり、ゴジラを「原子ゲーム砲」で殺すことができる場所へ行こうとするのだそうだ。ゴジラのからだにある「3つの弱い部分」にねらいをつけるプレイもできる。」

> 「その砲がキノコ雲やリトル・ボーイのように、日本への原爆投下を表すもののような形をしていたとは思われない。このゲームが作られたことには、原爆は同様に第2次世界大戦のシンボルになっていた戦車やプロペラ爆撃機と同じく、一般大衆の想像力

---

**2**　念のために列挙するなら、広島原爆投下 (1945年8月6日)、長崎原爆投下 (1945年8月9日)、ビキニ環礁での水爆実験で被曝した第五福竜丸 (1954年3月1日) をさす。

　第五福竜丸の船員たちは、もちろん米軍による攻撃をうけたわけではなく、「被爆者」ではなく核実験による被害者＝「被曝者」である。しかし軍隊による計画的で人体実験 (マーシャル諸島住民などへの無配慮から、疑義がきえていない「キャッスル作戦」) 的な経緯をかんがえあわせると、久保山愛吉 (くぼやま あいきち、1914/6/21-1954/9/23) 無線長の死亡は、単なる事故とはいいがたく、「被爆者」に準ずるといえよう。

3章　アメリカ人のゴジラ受容

や国防省の計画のなかでは、新しいタイプの武器にとって変わられていたのである。

　核の脅威が忘れられていたわけではない。それは違った形で捉えられていた。〔……〕空を斬るジェット機や、シューッと飛ぶロケットが人気のおもちゃになり、読み物や美術や映画、グラフィック・デザイン、テレビジョンなどの中で、強力におとなたちの心にも訴えていた。幻想と現実は重なり合い、お互いに補強し合って育っていた。ほんもののジェット機やロケットが現代戦争の新しいハードウェアとなり、核の脅威を表すテクノロジーのシンボルとなっていった。〔……〕

　同様に決定的な変化が、敵に起こった。かつてアメリカにとって日本と枢軸国が占めていた位置にソ連邦が踏み出してきた。しかし、このようにテクノロジーと地政学の状況が変化したにもかかわらず、このゲームがゴジラの存在を通じて送っているメッセージは、日本への核攻撃なのである。〔……〕ゲームのプレイヤーたちはロシアの熊に核攻撃しようとはせず、ゴジラをねらうのだ。戦後の日米の同盟関係もかかわらず、このゲームにおいて核攻撃の対象に値するほどの悪を体現しているのは、まぎれもない日本の象徴なのである。

　戦後、年月がたち、しかも朝鮮戦争の後で貿易戦争の前という、日本とアメリカとの関係が最良だった時期にさえも、日本がそんな役割を担わされていたとは、がっくりする話だ。しかしゴジラがこのように新しい状況でもシンボルとして利用され得るということは、アメリカ文化の中におけるゴジラというキャラクターの柔軟性を示している。アメリカ人が、新しい軍事テクノロジーに心躍らせながらも感じていたにちがいない不安をほのめかしつつ、ゴジラはアメリカ大衆の想像力がその不安をコントロールする手だてを提供しているのだ。

恐怖と敵意が予想もできない形態をとるこの時代に、ゴジラはアメリカ人に肯定的な結果をもたらした核競争を象徴していた。だから、ゴジラの存在はアメリカ人を安心させるのだ。さらにゴジラは、アメリカの核の力がいかなる国よりも優っていた短い時期をも象徴している。〔……〕とすれば、このゲームでのゴジラの時代錯誤的な存在は、自国の弱さ、そして自分たちがかつて日本に対して行ったことが今ではわが身に起こりうるということを否定したい、アメリカの願望を表していると読みとることができよう。

　当時の地政学的関係についてのアメリカの態度を表す、このゲームの底抜けの無知、無邪気さかげんには身の毛がよだつ。ソ連の核による脅威が確実にあったにもかかわらず、アメリカは核兵器を使えば問題は解決できると安易に考えていたため、破滅の日のシナリオを、子供を楽しませるためのゲームの一部にしてしまうことができたのだ。1962年のキューバ・ミサイル危機はこのゲームが作られた前の年のことだったが、合衆国とソ連は核戦争の瀬戸際までいった。」　　　　　　　（ミュソッフ＝小野訳, 1998: 57-60)

　もちろん、ボード・ゲームが一時的にしろ流行した[3]のは、「西洋人が「日本」と聞いて最初に思い描くイメージの一つ」になるぐらいまで「偶像（イコン）の地位」（ノリエガ）をかちとっていたからであろう。しかし、それはもちろん、『ゴジラ』第1作（1954年）が、ふきかえだけでアメリカ人に享受されたからではない。
　『ゴジラ』第1作の米国版『怪獣王ゴジラ（GODZILLA KING

---

3　ミュソッフによれば、ゴジラファンやボード・ゲーム収集家が、ちまなこになってさがしているらしいとのことなので、あっというまに、あきられたのだろう。

OF THE MONSTERS)』(1956年) は、オリジナル全体から「現実の日本の痕跡」をけしてしまい、「アメリカ人が抱く日本のイメージに合わせる」(同上: 76) ことで、アメリカ大衆に享受され、その後のゴジラ像を決定づけた。ハリウッド関係者は「平均的なアメリカの映画好き、つまり『羅生門』は見ないが『原子怪獣現わる』『放射能X』『金星人地球を征服』その他、1950年代半ばにアメリカで作られた、たくさんのSFモンスター映画が好きな観客に訴えるようにしたのだ」(同上: 77)。オリジナルでの主演男優・宝田明からスポットライトを全部はずし、かわりに存在しなかったアメリカ人記者（俳優はカナダ人）を主人公として、その回想というかたちをとらせた (同上: 77-80)[4]。オリジナルをいかように改変しようと異をとなえないという契約だったようだから、「日本語カットとキャラクターの単純化」(同上: 81-4) など、改変というより、事実上の改悪をふくめてマーケティング上いたしかたなかったのであろう[5]。しかし、「核の問題」の除外・隠蔽となると、単なる差別的マーケティングといった次元にはとどまらない (同上: 84-8)。

　映画を翻案したテリー・モース (Terry O. Morse, 1906-84) は、核実験のおそろしさをしらされていなかったアメリカ大衆がうけいれやすいように、第五福竜丸事件をモデル化した部分など、反米的になりかねない要素は極力カットしようとしたようだ。たとえば、志村喬演ずる山根博士が、ゴジラの渡日理由や水爆実験をしのげる能力の秘密をときあかそうとするのに、モース版における山根博士

---

4　ミュソッフは、後年『ラストエンペラー』(1987年) で主演するジョン・ローンを例外的なひとりとして、ハリウッド映画中、アジア系男優にドラマチックな役、セックス・アピールを必要とする配役はなかったのだから、しかたがないといった総括をしている（ミュソッフ 1998: 79-80)。

5　知日派にして親日派のミュソッフは、事実上、何度も論難しているが。

は、「きわめて珍しい生物という理由」だけで調査にのりだすというように設定をかえてしまうし、被曝したとおもわれる住民をえがく病院シーンでも、ナレーションは、「やけどである」ですませるなど (同上: 86)。そればかりか、放射線の被曝量を計測するためのガイガーカウンター（ガイガー＝ミュラー計数管）が「ソナー」にかえられたり、長崎原爆のサバイバーのせりふをカットしたり、山根博士の「もし水爆実験が続けられるのならば、ゴジラの仲間はまた現れるでありましょう。世界のどこかに」という最終場面でのセリフ[6]を完全カットして、でっちあげた主人公＝アメリカ人新聞記者に「脅威は去った。」「全世界は目覚め、また生気をとりもどすだろう」とかたらせるなど、オリジナル版の趣旨を完全に反転させる、捏造ともいえる改変をおこなったほどだ (同上: 86-8)。これは、「原作」の翻案ではなく破壊というほかあるまい。水爆実験のおそろしさを隠蔽している点などをふくめて、御用映画（洗脳装置）といって、さしつかえないだろう。

　こういった「改変」について、ミュソッフは、オリジナル版が「反アメリカ的」であり、原爆投下や水爆実験など、政府の犯罪性について、「アメリカの映画好きたちは」「日本からの批判など、行列して聞きに行きたいわけがなかった」とのべる (同上: 89)。

> 「けれども、核兵器というテーマ自体は、ハリウッドでは人気があった。1950年代には低予算の「原子爆弾こわい」式の映画が

---

[6] なお、『初代ゴジラ研究読本』の「撮影台本決定稿＆ピクトリアルスケッチ」には、「……だが……あのゴジラが　最后の一匹だとは思えない……もし……水爆実験が続けて行われるとしたら………あの　ゴジラの同類がまた世界の何処かへ現れ来るかも知れない」(ともい ほか編, 2014: 317) とある。

たくさん作られている。

　当時、アメリカにとってソ連の脅威はまぎれもないものだった。しかしその脅威も、別の世界のことのような、捉えどころのなさがあった。アメリカとソ連の間の広大な距離と、核攻撃が爆撃機のようなわかりやすいものによってではなく、宇宙空間からねらいをつけてやってくる大陸間弾道ミサイルによってなされるという、まるでSFのようなイメージのせいだ。アメリカ人にとっての核の恐怖は、日本人を脅かしていた恐怖とくらべれば、火急のものとは言いがたかった。

　つまりアメリカの観客にとっては、その恐怖は本多〔猪四郎監督＝引用者注〕版の映画に示されているような、特定できるものではあり得なかった。モースの観客が求めていたのは不明確で架空の恐怖そのもの――つまりゴジラという「未知の」怪獣に体現されている、説明不可能な恐怖――であり、抽象的だからこそ快く刺激的なのである。

　アメリカ人は、現実に核攻撃を受けたり、爆撃で炎上した都市というような、明白な恐ろしい経験をしたことはなかった。〔……〕アメリカ人観客にとっては、恐ろしいものとは、スティーブ・マーティン〔モース版『怪獣王ゴジラ』の主人公＝引用者注〕のセリフにあるように、「未知のもの」であり、それは単に「どこか向うにあるはず」の異質なものなのだった。

　〔……〕日本人はゴジラの隠喩が指し示しているものが核による破壊であることをよく知っている。それは空想世界の恐怖ではなく、現実の恐怖の記憶と、「また同じことが起こったら」という不安を呼び起こすものであり、だからこそ悪寒とスリルを生んだのである。

　モースは〔……〕単なる娯楽をアメリカの観客に提供しようと、できるかぎりのことをしたのだ。共産主義の脅威や、火星人や、

その他のなんであれ、アメリカの観客の夢の世界を徘徊するものの隠喩として、ゴジラを自由に解釈できるようにしたのである。」

(ミュソッフ=小野訳, 1998: 89-90)

　いくら地政学上の位置、歴史的背景がことなるとはいえ、あわれをもよおすような知性の欠落というほかなかろう。ノリエガは、「ハリウッドの再編集版〔ミュソッフのいうモース版『怪獣王ゴジラ』=引用者注〕は、事実上「私たちが日本にしたこと／していることを見たまえ」と述べて、50年代初期のアメリカ人の日本人への罪悪感を掻き立てる」と指摘する一方、「放射能関連の怪物が登場する他のアメリカ映画同様に、その後この罪は怪獣に投射され、映画の中ではその怪獣こそが本当の原因であることが明らかになる。」「ゴジラの死はアメリカの罪と核兵器への不安を抑圧する。歴史も日本側の映画解釈も、原爆を消し去ることでアメリカの占領と水爆実験に関する不安を和らげるように再テクスト化される」とのべる (ノリエガ=和波訳, 1999: 58)。核実験のなんたるかをふせられて核大国の加害者性を自覚できていなかった、おおくのアメリカ国民にとっては、ソ連の核配備はミュソッフがのべるとおり、抽象的な不安感しかよびおこさなかったのであろう。

　また、ノリエガと同時期、ヤマダ・マサミは「ハリウッドは、核実験の影響から怪物たちを50年代に量産した。怪物たちはアメリカを脅かす敵と見なされ、国民を代表する軍隊が怪物を倒す。観客は人間の勝利を確信してポップコーンをほおばるのだ。この姿勢はハリウッド式怪物映画の基本になって、近年の『エイリアン』シリーズや『インディペンデンス・デイ』、『GODZILLA』に受け継がれた。怪物はメンタリティを持たず、形がただ大きかったり、醜かったり、国民に害を与える存在でありさえすれば、仮に悲劇的に誕生したとしても、人間の、いやアメリカの敵になっていた……。

いわばゲーム感覚のバトルが展開することが多かった」と評した[7]。

## 3-2
## 親日派アメリカ人に代表されるゴジラ受容

とはいえ、そんな無残な改悪にもかかわらず、たとえばミュソフ自身にとってもそうだったように、「アメリカの対抗主義者たち」[8]の「旗手」として、ゴジラはシンボリックなブランドとなった。「サブカルチュア(ママ)の中で、ゴジラは名誉ある位置を占めている」そうだ(ミュソフ=小野訳, 1998: 26-7)。いや、「対抗主義者たち」にとどまらず、「ゴジラ映画を全然見たことがない連中でも、ゴジラが誰で、どこから来たかは知っている。」

> 「他の日本的シンボルとは違って、ゴジラは広告や政治マンガや子供のゲームや文芸、テレビ、ロック音楽、いや、刺青にまで

---

[7] そればかりかヤマダは、「当時のアメリカの怪獣・怪物映画を三、四本立て続けに見れば驚くほど類型的で、いい加減うんざりする。そういった映画は主にドライブシアターにかかった。デートに誘われた女の子が銀幕の異形の出現に絶叫して隣の男の子に抱きつくという寸法だ。その呼び水のため、アメリカの怪物映画は、今も昔も絶叫型女優が大活躍する」と冷笑した(ヤマダ 1999: 166)。

[8] ミュソフは「対抗文化の旗手」として「アメリカのゴジラ・ファンは、単にゴジラを知っているという人々ではなく、この怪獣に敬意を払っている人々であり、アメリカ社会では対抗文化(カウンターカルチュア)と呼ぶサブグループに属しているといえよう」と位置づけた(ミュソフ=小野訳, 1998: 26)。ミュソフ自身が「大多数の人たちは、おとなしく無力な反逆者であり、ちょっと変わり者の集団なのだ」(同上)と評しているとおり、けっして反体制派ではない。

登場している。その気になって見れば、彼はアメリカ中、ほとんどどこにでもいる。〔……〕しかもゴジラは、さまざまなテーマや考えを広く表現している。映画でお馴染みのテーマや考えもあるし、映画とは関係のないものも、またモンスター映画の性格をまったく別の新しい技法にあてはめたものもある。しかし、どこでゴジラと出会おうとも、ゴジラは善かれ悪しかれ、日本のアイデンティティを失うことは決してない。」

(ミュソッフ＝小野訳, 1998: 25)

ミュソッフは、「隠喩的な存在としての、映画におけるゴジラの力は、決して冗談ですまされるようなものではない。〔1998年当時からふりかえって＝引用者注〕40年以上前のゴジラ映画シリーズのスタート以来、この怪獣の毎度の復活・再生は、日本のさまざまな社会問題についてのメッセージとして解釈されてきた。核兵器、日米関係、環境汚染、ハイテク化などは、その典型的な例だろう」(同上: 24) とまでのべる[9]。

このようにみてくると、ゴジラは、すくなくともアメリカ人にとって、日本人をかんがえるうえで、無視できる要素とはいえない。もちろん、「日本のアイデンティティ」とはなにかとか、逆にききかえしたいし、「対抗主義者」以外で、核兵器に対する日本人のコンプレックスを理解しているアメリカ人がどの程度いるのだろ

---

[9] もっとも、文芸批評家の高橋敏夫は、こういったゴジラの多義性について、「バイオテクノロジーの恐怖、大国日本のバブル企業の横暴、環境破壊、核物質の恐怖、宇宙汚染、そして、オキシジェン・デストロイヤーの記憶等々が、つぎつぎに怪獣をとおして語られていく」、ゴジラやそれにつづく怪獣映画の含意の方向性を怪獣映画として邪道だととらえている (たかはし 1998: 115)。これについては後述 (pp. 202-3 参照)。

うか？ わかい世代はともかく、アジア太平洋戦争を意識している日本の成人たちが、核兵器にいだく複雑な心理。たとえば『はだしのゲン』や『夕凪の街、桜の国』などの作品にふれたときの、なんともいえない心象を理解するだけの感性をアメリカ人のどの程度が、ゴジラ映画からまなんだのか？ 原爆投下をいまだに反省せず、むしろ正当化しつづけてやまないアメリカ国民の多数派に対する、絶望的な失望感をかんがえたとき、ミュソッフら親日派の存在と、そのあついゴジラ論は、なぐさめには到底ならない。しかし、それにもかかわらず、モース版『怪獣王ゴジラ』がどんなに「脱日本化」[10]をはかろうと、「ゴジラ映画を全然見たことがない連中でも、ゴジラが誰で、どこから来たかは知っている」としたら、驚異的なことではないか？ なにしろ、「平均的なアメリカの映画好き、つまり『羅生門』は見ないが『原子怪獣現わる』『放射能X』『金星人地球を征服』その他、1950年代半ばにアメリカで作られた、たくさんのSFモンスター映画が好きな観客」が主要なマーケットとして、定着がすすんでいったのだから。

　ただ、アメリカでゴジラが「対抗主義者たち」の「旗手」であり、一方終始反体制的な色彩をおびなかった日本（「インサイダー」「オタク」etc.）での特撮怪獣映画の系譜という対比（ミュソッフ＝小野訳, 1998: 26-36）を、重視する意味がどの程度あるかは微妙である。日本の特撮怪獣作品が初代ゴジラや『ゴジラ対ヘドラ』(1971年)[11]、初代モスラのような、反体制的な色彩（政治性）をおびた少数の作品

---

10　ミュソッフによれば、『怪獣王ゴジラ』の配給会社は、ポスターにおいても徹底的に「脱日本化」と放射能の隠蔽がはかられたという（ミュソッフ＝小野訳, 1998: 92-5）。

11　『ゴジラ対ヘドラ』は、当時の公害問題を基調とした作品。「田子の浦港ヘドロ公害」などがモチーフとなって怪獣「ヘドラ」も考案された。

を例外として、日本で徹底的に体制的な色彩につつまれてきた経緯と、日本産ゆえに異物として反体制的色彩をおびたアメリカでのサブカルチャーとの差異はあきらかだろう。しかし、「国産品」と「輸入品」の受容・定着がおのずとことなるのは自然というものだ。

　一方、すでに紹介したゴジラマニア、ウィリアム・M・ツツイによる、アメリカにおけるゴジラ受容論も、さまざまな有益な知見をあたえてくれる。バブル経済期の日本企業の増長とでもいうべき買収劇などを脅威（「21世紀版黄禍論」）としてとらえる反感が、日本経済をゴジラになぞらえる感覚をうみだしたとする指摘 (たつみ1997: 149-50) もあるが、"Godzilla"イメージは、そういったナショナリスティックで悪意をともなう怪物視の表現ばかりではない。たとえば新婦が結婚後豹変＝「怪物」化することを揶揄する"Bridezilla"には、悪意がありありだが、タバコに「フレーバーズィラ（Flavorzilla）」と命名したり、「とてつもなく強いビニールゴミ袋」に「バッグズィラ（Bagzilla）」と命名したりする語感 (ツツイ2005: 180-1) は、それこそ大リーグの「ゴジラ松井」といった感覚と通底しているはず。ツツイはつぎのようにのべる。

　　「ちょっと何気なくウェブ検索しただけで、-zillaという接尾辞のついたことばは、さまざまな姿かたち、サイズ、信条、異常性を持つアメリカ人に好まれているのがわかる。検索エンジンgoogleにログオンして英語の名詞にzillaをつけて検索してみれば、おそらくいくつかはヒットするだろう。それどころか怒涛のごとく押し寄せる場合も少なくない。たとえば「Dogzilla」ということば。人気のある絵本のタイトル、現存しないボストンのロックバンド名、ギターアンプの原型のニックネーム、〔……〕閲覧できるページ数は軽く一万を上回るだろう。」(ツツイ＝神山訳, 2005: 181)
　　「アメリカで、-zillaという形の造語がこれほど人気がある理由

は誰にもわからない。最高の辞書や社会学的ツールをもってしても説得力のある説明はつかないだろう。ことばに意味を持たせる接尾語は〔……〕少しもめずらしくはない。たとえば衝動強迫的な-aholic、懐古趣味的な-omatic、最高級を表す-villeなど。だが、-zillaほど共感され、幅広く文化に取り入れられているものは他にないように思われる。〔……〕

この接尾辞の主であるゴジラのように、-zillaにも一種独特の態度がついてまわる。そして、二音節から成るこの接尾辞をつけると、なんでもクールに聞こえると同時に少々のおマヌケさと楽しさが大いに加味されるのだ。クリエイティブで柔軟性に富んだことばの坩堝である昨今のアメリカン・イングリッシュにおいて、-zillaはまちがいなく時代の「接尾語ッズィラ」なのだ。」

(同上: 182)

## 3-3
## アメリカ人の「恐竜」幻想と怪獣

しかし、これら、親日的な在米ゴジラマニアたちの代表の議論だけで、アメリカのゴジラ受容をかたづけてはいけないことが、浮上する。たとえば、巽孝之『恐竜のアメリカ』は、ヨーロッパ系アメリカ人たちがかかえてきた、恐竜周辺の巨大生物に対する幻想をふくめた重層的なイメージをえがきだしている (たつみ1997)。

巽によれば、科学的な蓄積とは異質な「太古に死に絶えたはずの巨大爬虫類が地球のどこかに残存しているという前提」にのっとった「恐竜文学」というべきジャンルがあるという。「19世紀以前の段階で、発掘された恐竜の化石を、人類以前の覇者として言い伝えられる竜か巨人のものではないか」という伝説があり、「人類がそれら前時代の覇者と対決して打倒したからこそ、新時代の覇者と

なりえたのだ」との「伝説的想像力が人々を刺激してきた」と（たつみ1997: 11）。巽によれば「いくらB級で通俗的で非科学的であれ、わたしたちが今日でも、人類と恐竜が直接的に対峙するというハリウッド的イディオムをあまりにもすんなり満喫してしまうゆえんは、まさにその点にあるのではないか」と（同上: 12）。

>　「本書の前半を構成する2章「ニューイングランドの岸辺で」「巨大妄想」は、基本的に、アメリカ植民地時代以来の捕鯨業から19世紀ゴールドラッシュ時代の古生物学的探索に至る過程で、いわゆるリヴァイアサンの別名としての恐竜をめぐる文学的想像力が、当時の文化的文脈において具体的にどのように展開し、20世紀末の国家的想像力へどのような影響を及ぼすことになったのか、その経緯を物語る。
> 　後半最初の第3章「恐竜小説史の革命」は、主としてゴールドラッシュからポストモダンへ至るアメリカ恐竜小説史の系譜を辿り、19世紀的「白鯨」が象徴した時代から20世紀的「ゴジラ」が象徴する時代の根底をなすパラダイムシフトについて分析する。」
>
> 　　　　　　　　　　　　　　　　　　　　（たつみ1997: 13）

　つまり、ゴジラ作品をはじめとする日本の特撮怪獣作品の受容のありようは、こと北米に関するかぎり、単なる日本産B級モンスターのブランド化（一部「カウンターカルチャー」的な）という説明ではたりないことになる。メルヴィルの『白鯨』や化石の解釈などもふくめた巨大生物に対する伝承的イメージがまずあり、ゴールドラッシュなどヨーロッパからの入植者たちの西進によって急速に生活空間をおわれていったアメリカ先住民の19世紀のありようと位置づけ（「消えゆくインディアン」）と同様の宿命論が、ヒーローの活躍によって殲滅され「消えゆくゴジラ」にもみてとれると巽は

解釈する (たつみ 1997: 158)。

巽は、以上のような壮大な議論にとどまらず、多岐にわたるポストモダン的な指摘（たとえば第4章1節「『ジュラシック・パーク』以前・以後」）もおこなっているが、アメリカ人のゴジラ受容の特質について、当のゴジラマニア自身が、充分な「自画像」をえがけていないらしいことは、明白だろう。

たとえばミュソッフは、第二次世界大戦での被害者性と加害者性の未整理が日本の大衆の共通のトラウマだった点を、本多監督ら第1作制作陣は、「日本人が昔から対処するのに慣れている災難、地震のイメージと結びつけることによって、人々につかの間の平安を与えた」。しかし、水爆実験の多義性が「戦争との折り合いをつけることの難しさ」として「はっきり示されている」という (ミュソッフ=小野訳, 1998: 228)。それに対して、アメリカ版『怪獣王ゴジラ』は、「アメリカ人が感じる恐怖の根源が不確かで、突然で、不合理なもの」「「未知」の恐怖」の具現化であり、「根本的に異質なのだ」とする (同上: 226)。ハロウィーンでの行事で、理不尽な過剰防衛の犠牲となった服部剛丈君事件 (1992年) をとりあげて、日米社会がかかえる不安文化とでもいうべき部分での異質性に言及するミュソッフの文化比較は、おそらく妥当なのだろう。そして、アメリカ版『怪獣王ゴジラ』への改変ぶりは、そういった文化的ミゾの産物なのだろう。しかし、「ゴジラ」という圧倒的な存在感による恐怖への終止符のうちかたが異質であること以上に、「恐竜」的な存在を位置づける文化的歴史的背景のミゾの方が巨大な気がする。『ゴジラ』第1作をよびおこすことになった、水爆実験とネス湖の恐竜がヒントとなったという、レイ・ブラッドベリーの「霧笛」という、『原子怪獣現わる』の原作となった作品の背後には、巽が指摘するような思潮が脈々とあったのである。もちろん、初代「ゴジラ」をうみだした思想的背景には、のちほどのべるような南洋群島を事実

上の植民地としていた時代への郷愁をふくめた、南進論などがなくはないだろう（本書6章参照）。また。巽が着目するとおり、ゴジラの着想の思想的背景には、神道系の恐竜神話があるのだとする長山靖生らの議論も無視できない（たつみ1997: 144-8）。しかし、巽のつぎのような立論は、いさみあしにみえる。

　「ゴジラが恐竜の末裔でなければならず、しかも神格化されなくてはならなかったゆえんは、まさにその存在そのものが神国日本を背負っていたからだ。ゴジラが人々に与えるのは、単に核時代の恐怖に限らず、神的存在そのものの畏怖でなくてはならなかった。
　このようにゴジラ誕生の宗教的文化史をふまえるなら、同じ80年代以降のアメリカ人が、怪物ゴジラを進化論的突然変異体どころか、時に経済大国日本そのものの怪物性を表象するイメージとして受け止めたのも、無理からぬことだろう。日本そのものが怪物であるかぎり、アメリカにとって必ずしも200万年前という仮説を立てずとも、恐竜と人類とが共存し闘争する時代はまだまだ続く。」
　　　　　　　　　　　　　　　　　　　　　　　　　（たつみ1997: 148）

　こういった大胆な解釈が強引で恣意的な仮説にすぎないといった非難をまねかないためには、長山・巽らの議論は説得力が不足しているといえよう。アメリカ人のナショナリスティックな反応が神道系の恐竜神話に起因するという論証が困難であることはもちろん、そもそも神道系の恐竜神話が日本列島に普遍的に潜在していたという仮説さえ論証するのはムリというものだろうから。すくなくとも、九頭竜(くずりゅー)伝承や八岐大蛇(ヤマタノオロチ)伝説などが日本列島全域をカバーするという立論には説得力がない。ゴジラが当初「大ダコ」として構想され、その後「ゴリラ」と「クジラ」を合成した恐竜もどきとして

3章　アメリカ人のゴジラ受容

誕生したことはよくしられている。すでに、田畑雅英の「多くの場合, 恐竜をプロトタイプ」とした「巨大生物というイメージ」(たばた 2005: 16) を紹介したが、たとえばモスラやガメラが恐竜というより、蛾・カメの巨大化したすがたにしかみえないように、ゴジラと怪獣たちが「恐竜もどき」として分類可能だというのは、ムリがある[12]。ゴジラ＝神道的竜神≒恐竜もどき、という図式で、日本の特撮怪獣を本質化・伝統化するのは、暴走といえよう。

---

[12] いわゆる「昭和ガメラ」は設定上、白亜紀後期のカンパニアン（約8000万年まえ）に生息していたアーケロン（Archelon, 全長約4m）を祖先にしているといったことになっているらしい。カメは恐竜と同様「爬虫類」にくくれるし、諸説あるなか400kgとも2tともいわれる巨体はガメラの出自を説明したようにおもえるが、実際のモデルは、ミドリガメとかワニガメのようである。一応「カメの祖先はワニ・トリ・恐竜のグループと約2億5千万年前に分かれ進化」したという最近の学説（理化学研究所2013年4月29日「ゲノム解読から明らかになったカメの進化」, http://www.riken.jp/pr/press/2013/20130429_1/）はある。それでも、一般にイメージされてきた「恐竜」とは、かなり縁どおく感じられるはずである。

また、モスラがしたじきにしている蛾は昆虫なわけで、恐竜とは縁もゆかりもない。最大の節足動物としてしられる「アースロプレウラ」（Arthropleura armata）は、石炭紀（3億年前後）に生息した巨大ヤスデににた生物だったが、最大でも2m台にとどまったようだ。

「放射線をあびて巨大化」といった「大胆な仮説」で設定を合理化できるにしても、いずれも「恐竜」概念でくくるのは、無理があるというものだ。

# 4章
# B級SF映画を素材とした右派たちの恣意的解釈(戦争／軍備)と、大学人の懸念

**本章のあらまし**

右派によるナショナリズムの投影=政治性は、オタク的解釈の不毛さと対照的に、検討にあたいする。ハリウッド映画とことなり、日本映画の怪獣は軍隊による迎撃がほとんど無意味という設定となっている。右翼の一部は、こうした圧倒的脅威が、怪獣同士の抗争の結果とか、ウルトラマンなど地球外の救世主によって秩序回復される設定が、戦後去勢された日本軍を象徴していると非難した。そして、米軍不在を問題視する一方、自衛隊の全面協力をうけた「平成期ゴジラ」以降の軍隊の美化を称揚してきた。水爆実験への不安をいいながら、その実、自力で国土をまもる意識の欠落した卑劣で卑怯な「甘え」の象徴などと、初代ゴジラなどのモチーフや戦争被害者ぶった制作者・観客の自画像を非難した。大学人がこうした寓意解釈に批判的であるように、児童むけ娯楽作品への過剰な政治的投影こそ異様だ。初代「ゴジラ」などのばあい、空襲体験をまざまざと共有している制作陣と観客の歴史意識・政治感覚(冷戦や自衛隊発足など国際情勢)の忠実な反映だった。軍国主義化を合理化するために作品から恣意的に寓意をひきだしたり、反核や反戦などのモチーフの存在を矮小化したり、非難したりするといった、歪曲や論難は娯楽作品の政治利用でしかない。また、右翼が称賛する作品は自衛隊を理想化するなど、軍事大国化を合理化する方向でのキャンペーンの色彩をおびる。米軍の助力なしに大怪獣を制圧できる実力、いや、超越的軍事大国という誇大妄想的な夢想を投影しているきらいさえある。そこでは、ゴジラ作品などに通底していた科学技術追求の暴走という懸念などなく、防衛力=攻撃力の増大がまよいもなく正当化されている。

## 4-1
## 右派層による、大衆文化への粘着と攻撃の背景としての恣意的解釈

　さて、さきに紹介した佐藤健志（さとー・けんじ）「ゴジラはなぜ日本を襲うのか」は、バブル経済期末期の日本の保守層や右派が、どのようなナショナリズムをかかえていたかを確認するために、非常に参考になる論考である（さとー1992）[1]。

　佐藤は、1970年代なかばになっても大国としての自覚がもてない日本国民が、対等の軍事同盟をむすぶべき時期にもかかわらず、アメリカに安全保障をまかせっきりというダメさ加減。それが、いわゆる第一期の「昭和ゴジラシリーズ」（1954–75年）から10年ちかくの空白期をはさんで復活した「平成ゴジラシリーズ」（1984–95年）に端的にあらわれている[2]という総括を保守層にアピールしたいという動機のみで、素材をとりあげているようだ。ちなみに、「ひがみ」「甘え」「排外主義的ナショナリズム」といった心理で「ゴジ

---

1　佐藤の論考は、典型的な右派媒体の一種である『諸君』1992年2月号に発表され、バブル崩壊後の7月に『ゴジラとヤマトとぼくらの民主主義』という単行本の1章として刊行された。

2　当然のことだが当時の佐藤は、後年の「昭和ゴジラシリーズ／平成ゴジラシリーズ（vsシリーズ）／ミレニアムシリーズ」という3期にわける分類をしらない。そのため「初期（54〜55年）・中期（62〜75年）・後期（84年以降）の三期に分けられる」（さとー1992: 90）としている。当時としては妥当だ。
　なお、第16作『ゴジラ』（1984年）は、いわゆる「昭和期」に位置しているばかりでなく、第15作からは10年弱、第17作とは5年の公開中断があるなど、あきらかに「孤立」している。それが、なぜ「平成ゴジラシリーズ（vsシリーズ）」に分類されているのは不明。

ラ」シリーズが支配されているという解釈にもとづく国民性批判（戦後日本人批判）はまったく説得力がない。それは、佐藤が非難する「ひがみ」「甘え」という概念が、対米戦争での大敗と占領期をへたことで、完全に「去勢」された国民になりはてたという政治的経緯を直視しない総括から恣意的にみちびきだされたものだからだろう。安全保障の責任をとらないというより、いまだに米軍の軍事植民地として支配されつづけているという日本列島の政治的現実が佐藤と発行媒体の編集部、読者層らには抑圧されていた。おそらくバブル経済によって肥大化した大国意識が、空疎な安全保障論をうみだしたのだとおもわれる。

　佐藤は「初期のゴジラ映画」「作品は「軍国主義者によって騙されていた自分たちもまた、太平洋戦争の被害者だった」という、戦後広く受け入れられた独善的な太平洋戦争観をも、また色濃く反映していた」(さとー1992: 92) などと、いさましげに日本国民を批判する。しかも「小国である日本が米ソの冷戦、ないしアメリカの世界戦略に巻き込まれてとんでもない被害を受けるのではないかという、50年代の国民感情」までも、矮小化したいようだ (同上)。「このようなひがんだ小国意識を媒介として、放射能汚染の恐怖と戦災の恐怖とをイメージの上で結びつけたのだ」となじり、さらに「表面的には「水爆に対する恐怖」をテーマとして打ち出したにもかかわらず」、『ゴジラ』の真のテーマは「戦災にたいする被害者意識だった」と侮蔑的に断定する (同: 93)。

　「「軍国主義者によって騙されていた自分たちもまた、太平洋戦争の被害者だった」という、戦後広く受け入れられた独善的な太平洋戦争観」を、昭和天皇ヒロヒトが「国民」の象徴として演じきった偽善・欺瞞の茶番劇については、完全に同意する。しかし、佐藤の戦後批判は、すでに加藤典洋にくわえた批判と同様の問題がそっくりあてはまるものだ。たとえば沖縄戦にまきこまれた非戦闘員のほ

とんどが、「軍国主義者によって騙されていた自分たちもまた、太平洋戦争の被害者だった」という実感をもつことが偽善・欺瞞であると断言できる根拠を佐藤はだせるのか？ さらに、軍都であった広島・長崎の帝国主義的な地政学的位置はおくとして、当時10歳未満の乳幼児・児童や戦時動員で事実上準奴隷的身分にあった朝鮮系日本人が、被爆体験をふくめて「太平洋戦争の被害者だった」と感じる実感を否定できる根拠を佐藤はだせるのか？ そもそも、東京・名古屋・大阪など大都市住民が無差別爆撃にたおれたことも、乳幼児もふくめて「被害者」でないと強弁できる（たとえば「凶悪な巨悪である日本ファシズム打倒のための、最小限の必要悪」などと合理化する）わりきりかたには、感性の欠落を感じる。たとえば軍都・軍需産業と無縁な地方都市への無差別爆撃が単純に戦争犯罪であるという指摘に、佐藤はどう反論するのか？ こういった観点からの戦争責任論にはまったく言及しないナショナリズム批判はあきらかに歴史的経緯の極端な単純化を意味しており、到底賛同できない[3]。

　また、「小国である日本が米ソの冷戦、ないしアメリカの世界戦略に巻き込まれてとんでもない被害を受けるのではないかという、50年代の国民感情」に、なにか偽善・欺瞞があったとでもいうのだろうか？ 当時のゴジラ受容層の感情を「「現実をどうすることもできない」というひがんだ被害者意識」(同上: 94)とか「甘え」(同上:

---

[3] ついでいえば、新憲法の規定によって予言されたかのように東京裁判で「免責」された昭和天皇ヒロヒトの戦争責任をあたかも「なかった」かのようにあつかうナショナリストたちは、不誠実といえよう。ヒロヒトの戦争責任がらみで、一般に無視されているか、しられていない戦後の言動については章末の【コラム4-1：とわれないヒロヒトの戦後の言動】参照。

94〜）などと断罪できる客観的根拠など、どこにあるのだろう？[4]

佐藤と編集部がイメージし実際呼応したとおもわれる、雑誌『諸君』と単行本版の読者層が共通してかかえる不満とは、端的にいって、「公然と戦争できるための組織・法制をそなえていない去勢された国家」という不全感を基盤としているだろう。それは、佐藤のつぎのような「解析」に明白にしめされている（かなりながいが、重要部分にかぎって引用する）。

> 『キングコング対ゴジラ』から、ゴジラ映画の物語はそれまでの「科学の行き過ぎ」物から、怪獣が何の理由もなく現れる「侵略」物パターンへと移行する。だが、これらゴジラ映画にも、やはり他にはほとんど類を見ない特色があるのだ。これらの作品では、人間の世界を脅かす怪獣を撃退するのが、科学者でもなければ軍隊でもなく、また別の怪獣なのである。しかもこれらの怪獣は人間によってコントロールされているわけでもなく、どうやら自発的に正義と平和を愛している「善良なる怪獣」（再度、絶句）らしいのである。したがって、まず悪玉の怪獣が（たいていは宇宙人だの海底人だのに操られて）日本を攻撃し、申し訳程度に出動した自衛隊を壊滅させた後で、善玉怪獣が日本救助のために現れて悪玉怪獣を倒すというのが、中期ゴジラ映画〔1962-75年＝引用者注〕の基本的なパターンとなった。要するに日本人はついに国土防衛の責任を放棄し、それをあろうことか善意の怪獣に依存するようになってしまったのだ。これがいかに子供じみて甘えたものであるかは、もはや説明の必要ないであろう。〔……〕こ

---

[4] 佐藤らの「甘え」論のいかがわしさについては、章末の【コラム4-2：佐藤健志の「ウルトラ」シリーズへの粘着ぶりとナショナリズム】参照。

の図式は、自国の安全を守る上でアメリカの軍事力に全面的に依存するという、当時支配的だった「安保ただ乗り」の発想をそのまま反映したものだったのだ。その意味で、中期ゴジラの第一作において、まだ日本への脅威と見なされていたゴジラを撃退する善玉怪獣がアメリカ映画における怪獣の代表ともいうべきキングコングだなどというのは、ほとんど出来すぎの感すらあると言えよう。」

(さとー 1992: 96-7)

「〔……〕終戦直後においては、このような「甘え」の対象が「国際社会の善意」だの「平和を愛する国際世論」だのといった、何とも曖昧なものであったのにたいして、この時期からはその対象がアメリカの軍事力という、より具体的で「頼りがい」のあるものに移ったため、甘えがより表面に現れやすくなったのであろう。〔……〕自分の安全を「(自分のコントロールが及ばない) 寛大・善良な第三者」に依存して、なお安心していられるのは子供しかいない。〔……〕子供向けに徹することが「甘え」を物語の前面に出した中期ゴジラ映画が作品世界のリアリティを保つただ一つの方法だったのであろう。あるいは当時の制作関係者たちは、これらの映画の筋立てが自分たちのアメリカにたいする子供じみた甘えをストレートに反映していることにうすうす気づいていて、それに直面するのがいやさに、映画の内容を半ば意図的に子供だましにしていったのかも知れない。」

(同上: 98)

「〔……〕このような「甘え」の背後には、深い無力感が隠されている。それは、この時期のゴジラ映画における「ゴジラさえ来てくれればわれわれは無敵だ」とでも言わんばかりの雰囲気〔……〕子供向けという性格上あからさまにこそ現れないものの、これらの物語の背後には、しょせん自国の安全を自力で守ることなどできないという「少国民のひがみ」が依然として脈打っているのである。」

(同上: 99)

佐藤ら右派にとっては、日本国憲法に拘束された自衛軍とそれをとりまく国際関係やGHQがくやしくてにくらしくてしかたがないのだろう。「「国際社会の善意」だの「平和を愛する国際世論」だのといった、何とも曖昧なもの」」という標的は、あきらかに憲法前文「平和を愛する諸国民の公正と信義に信頼して」といった具体的文言だと推定できるからである[5]。

　　「要するに制作スタッフは、侵略があるたびに「本土決戦」に訴えねば自国を防衛できないというのは大国にはふさわしくないという点を見落としていたのだ。そもそも大国にそんなに頻繁に侵略があるというのがおかしいのである。放射能を吐く「めったやたらに強い大怪獣」にくりかえし自国の主要都市を荒らされるままにしている大国がどこにあろう。小国意識に根ざした「ひがみ」と「甘え」を踏まえて初めてリアリティを持ったゴジラ映画の物語は、日本が大国となり、多くの日本人が大国意識を持つようになった80年代においては、本質的に成立しえなくなってしまったのである。後期ゴジラ映画は、一作目ですでに行き詰ってしまったのだ。
　　ここで断っておけば、大国・日本にふさわしい形で、ゴジラ物語の新しいパターンを作ることは決して不可能ではない。ゴジラが日本を襲って都市を破壊するというシチュエーションにばかりこだわっているのが行き詰まりの原因なのだから、つまりはゴジラを外国に出現させて、ゴジラ撃退のノウハウを知りつくした自衛隊が援助要請を受けて（あるいは独自の戦略的見地から）海外

---

[5] "trusting in the justice and faith of the peace-loving peoples of the world" (THE CONSTITUTION OF JAPAN) http://japan.kantei.go.jp/constitution_and_government_of_japan/constitution_e.html

に出兵するという内容にすればいいのである。ゴジラがいつも日本ばかりを襲わねばならないと、いったい誰が決めたのであろうか。また狭義の専守防衛から脱却して、国際平和のために積極的に貢献することが日本に強く求められていることを考えても、このような「PKOゴジラ」こそが現代のゴジラ映画にはふさわしいはずである。北方領土や北朝鮮をはじめとして、ゴジラに襲わせれば面白いドラマが作れそうな場所など日本の周囲だけでも幾つもあるではないか。」 (さとー 1992: 101-2)

アメリカの劣化コピーを理想として派兵を夢想する右派イデオローグの妄想的な安全保障イメージ躍如といった感じか。日本列島周辺を舞台とした映画作品などつくれば、それこそ政治問題化することはさけられないのに、そういった配慮も欠落している。

「そもそも大国にそんなに頻繁に侵略があるというのがおかしい」という、比較的まともな経験則からの現実的推定と、さきに紹介した小野俊太郎の「なぞとき」(みもふたもない現実暴露)とは、当然矛盾しない。超大国アメリカも、「同時多発テロ」以前から侵略をイメージした映画を再三つくってきたではないか。まえに紹介した総括をくりかえそう。

「巨大怪獣もののパニック映画では、自分たちの土地や国民が襲われなくては観客は心を揺さぶられない。」
「ナショナルな意識を高めるには、侵略小説や映画の系譜に基づいて、自分たちの領土が侵され、住居が破壊され、とりわけ「女子供」が蹂躙されるようすが描かれる必要がある。」
「「叙事詩」とは本来そういう機能をもつもの。」 (おの 2014: 157)

まず、佐藤の議論は、現実の歴史的経緯＝「ゴジラ」シリーズの

興行実態の展開によって反証された。たとえば「『ゴジラvsキングギドラ』以降は動員数も大幅に向上し、スタジオジブリ作品などと並び、毎年の邦画興行ランクの1・2位を争うドル箱シリーズとして定着していった」(ウィキペディア) など、観客動員数200〜400万人といわれる「平成ゴジラシリーズ（vsシリーズ）」作品が95年まで毎年発表された。つづく「ミレニアムシリーズ」こそ「100万人から200万人ほどと大幅に減少した」ものの、佐藤のような方向性ではないかたちで1999年からも6作品が毎年制作されたのである。佐藤は「再開早々の行き詰まり」だとか「ゴジラと日本に明日はあるか」といった挑発的な表現をあえてえらんだわけだが、議論の破綻が露呈したのは、自分自身の方であった。「このまま行けば、19作目でゴジラシリーズが決定的な行き詰まりをみせることは確実であろう」(さとー1992: 110) と傲然といいはなった。しかし「観客動員数は平成ゴジラシリーズ中最多の420万人、配給収入は22億2千万円を記録。インフレ率を換算しない場合、全シリーズ中最高額の収入であり、正月興行の邦画としては1973年（昭和48年）末公開の『日本沈没』が保持していた配収記録を19年ぶりに更新した」(ウィキペディア「ゴジラvsモスラ」) のだから[6]。

　ちなみに、佐藤は、この論考の最終節「5 ゴジラと日本に明日はあるか」で、「一方で傲慢な大国意識を持ちながら、大国として要求されている国際的な責務をはたそうとせず、外国からの要求が高まると、ただ感情的に反発するという現在の日本におけるナショナリズムのあり方」などと、日本国民を難詰している。佐藤本人は、「後期ゴジラ映画において「諸外国は日本の成功を嫉妬してい

---

**6**　「ゴジラ観客動員数の推移」(1954〜2004) と題した図表（各作品の観客動員実数と折れ線グラフ）と解題は、かとー (2010: 180-1)。

て、隙があれば日本の足を引っ張ろうとしている」という、より傲慢な形で〔「ひがみ」が＝引用者注〕甦った」として、日本人を批判しているつもりなのだろう (さとー1992: 103)。しかし、具体的な標的となっている『ゴジラvsビオランテ』(1989年) とは、まさにバブル経済最盛期の作品であり、「アメリカが日本においぬかれそうで、嫉妬している」と、国民の相当数がうぬぼれていた時代が作品に反映しているだけであろう。実際、「1980年代後半には東京都の山手線内側の土地価格でアメリカ全土が買えるという算出結果となるほど日本の土地価格」は狂乱状態にあった (ウィキペディア「バブル景気」)。

なにより、「諸外国は日本の成功を嫉妬していて、隙があれば日本の足を引っ張ろうとしている」という論理は、F1レースやノルディックスキーなどでの日本チームの躍進に嫉妬して欧州がルール改変をおこなったといった反発などにもみてとれる「普遍的現象」であった。高度経済成長期をおえて「先進国」「経済大国」との自負をもった日本人の相当部分で一般的な心理だったとかんがえるべきである。ゴジラ映画制作陣や来場者の認識を「傲慢な大国意識」などと、たかみにたって「ひとごと」のようにかたる素材としてかたづけられるものではない。佐藤ら自身がバブル景気のさなか、狂乱ぶりをどの程度超越できていたのかは、はなはだ疑問というものだ。また、国防意識上、佐藤らの議論に積極的に賛同した層こそ、依然「諸外国は日本の成功を嫉妬していて、隙があれば日本の足を引っ張ろうとしている」という被害妄想のとりこなのではないか。近年の中韓への右派のむきだしの敵意など、みずからの嫉妬心が自覚できぬ「被嫉妬妄想」だろう。

また、「外国からの要求が高まると、ただ感情的に反発するという現在の日本におけるナショナリズムのあり方」といいながら、反発する「外国からの要求」とは、ほとんど中朝韓など東アジア近隣

だけである現実。そして「慰安婦」問題などの指摘に「ただ感情的に反発する」ことを一部の例外として、国民のこえをひたすら無視して対米追従に終始する売国政権を延命させてきたのが、戦後一貫した保守層の姿勢であることは、いま一度確認しておく必要があるだろう。

「『VSキングギドラ』の独善的な内容」といいながら、それは、対米追従に終始する政府への不満を、それこそ独善的に論難しているにすぎず、「大国にそんなに頻繁に侵略があるというのがおかしい」という（みずからのべる）経験則と矛盾する自衛論や派兵論こそが、右派的な独善性＝空論なのである。

そもそもファミリー層（児童）むけのB級エンタテインメントに、科学性や政治的な現実性だとか整合性・一貫性などを要求するおとなげなさこそ、「子供じみた」オタクそのものだ。それを「子供じみた」所業ときづかない読者層こそ、現実の国際関係や軍事リスクから遊離した被害妄想的ないし誇大妄想的な夢想に逃避するのだろう。佐藤らのゴジラ論に仮託した覇権主義志向は、戦後日本の基本的フォーマットがうみだした「鬼っ子」なのだ[7]。

それはともかく、以上、右派のみがってな仮託を虚構の寓意の範囲内で批判してきたが、実は、佐藤らの議論は、当時の現実の政治力学の解読によって論破されているのである。

---

7　もっとも、佐藤は後年の『夢見られた近代』では、右派性をけし、第13章「ゴジラの夢見た本土決戦」などふくめ、かなりラディカルな自由主義者としてフィクション・ノンフィクションを批評している。ただし、依然として、フィクションのなかの一貫性や、寓意の（詮ない不毛な）合理的解釈に拘泥しつづけている点はのこっている。また欧米列強に対する劣等感と屈折したナショナリズムをかなり的確に批判しつつも、自身のナショナリズムには無自覚なようだ（さとー 2008: 223-42）。

「ゴジラ対日本の戦争という点に関しては〔……〕日本とアメリカとのあいだの複雑な関係が影をおとしている。ゴジラを相手に日本だけがたたかうというのは〔……〕日本中心的な、いいかえれば閉鎖的な世界像の反映かもしれない。あるいは、原爆をヒロシマ、ナガサキに投下し、さらに水爆実験をくりかえすアメリカへの非難を、アメリカを徹底的に消去することによって顕在化した、とも考えられる。また、アメリカ軍を登場させればたんに敗退ではすまないだろうし、アメリカという国が、冷戦下の複雑な国際関係を背負いながら登場を余儀なくされる、そんな面倒をさけたと考えるのがよいかもしれない。

　ただし、「日米安全保障条約」をもちだすのなら、つぎのことはおさえていくべきだろう。すなわち、『ゴジラ』の二年前の1952年に発効した条約では、日本はアメリカに駐留権を与えるが、駐留軍は日本防衛の義務を負わないという片務的形式をとっていたことである（双務的性格に改められるのは1960年の新条約から）。〔……〕

　したがって、もし日米安全保障条約をとりあげるなら、「在日アメリカ軍がなぜでてこない？」という疑問よりは、「日本による日本防衛の優先」と考えるほうが実情にそくしていた、といえるだろう。

　しかも興味深いことに、ダレスの要求する「防衛は自前でやれ、しかし攻撃的脅威となる軍備はだめ」という日本軍備の二面性は、そのまま『ゴジラ』の「防衛隊」のイメージすなわち「攻撃的ではなく、防衛的傾向の強い軍隊」に、かさなるのである。〔……〕

　もしアメリカを問題にするのなら、原水爆実験をくりかえすアメリカへの非難を徹底的に消去することによって顕在化したという逆説的なありかたを読み取るべきであろう。しかし、それなら

もっと直截に、ゴジラこそアメリカだと空想したほうがよいかもしれない。また、当時の冷戦の激化状態（「皆殺し兵器」としての核兵器をちらつかせた「恐怖の均衡」）からすれば、日本の自衛隊の仮想敵は社会主義国であり、するとゴジラは社会主義イデオロギーの塊ともいえるだろうか、そんなことはないだろう等々——このような読み取りはあまり意味のあるものとは思えない。」

(たかはし 1998: 221-3)

高橋敏夫(たかはし・としお)がのべるとおり、ゴジラ作品に政治的現実はかなり投影されているが、それは「（安保）無賃乗車」も「攻撃的脅威となる軍備」も封じるような (まえだ1994) ダレスらアメリカ政府高官の圧力といった桎梏の反映といえる。「無賃乗車」をゆるされない国軍が『ゴジラ』第1作から前提とされる以上、佐藤がなじるような性格のものでは、そもそもなかったわけだ。

## 4-2
## ゴジラ作品が自明視する国軍

佐藤ら右派とは対極なのが、ゴジラ論に参加してきた高橋ら大学人といえるだろう。たとえば、林延哉(はやし・のぶや)は、つぎのようにのべる。

「1作目の『ゴジラ』がそうであったように，その後のゴジラ作品の多くで，怪獣と並んでゴジラと幾度となく戦ったのは，実は日本の保有する戦力，軍隊であった。28作品中の数本を除いて日本の軍隊は必ず出動し何らかの戦闘を行っている。ところで近年の作品，とりわけ新世紀シリーズと呼ばれる一群の作品において，ゴジラ映画が"カッコいい軍隊"，"カッコいい兵器"を描き，町中をライフルをもった兵隊たちが当たり前に闊歩する映像を繰

り返す軍隊映画，武力映画のようになってしまっているのではないか，という印象がある。ゴジラ映画は娯楽映画であり，娯楽映画は往々にしてその折々の時代の雰囲気を反映し，人々が観たいと望むものを描き出す。ゴジラ作品も，個々の作品の作られた時代を反映しながらその内容，作風を変えてきた。上記のような武力の露出もまた，現代の日本のいわゆる保守化・右傾化を敏感に反映した結果かもしれない。人々は強い軍隊を見たいと願っているのかもしれず，逆にゴジラ作品によって観客である子どもたちは軍隊や武力が町中に当たり前にある世界に馴染んでしまうのではというような杞憂とも言える不安も又そこには感じざるを得ない。」

(はやし 2008a: 29-30)

ゴジラ作品にかぎらず、特撮怪獣映画には、再三自衛隊が協力してきたのであり、林の懸念は「杞憂」でもなんでもなかろう。林が「そこには我々日本人の，戦争や武力への態度が映し出されており，そしてそれはおそらくは，戦後60年に渡るアジア太平洋戦争の惨禍と教訓の忘却の軌跡でもあると思われる」とし、「シリーズ継続50年，観客動員数延べ9925万人というゴジラ作品における，"ゴジラ"と武力・軍隊の描かれ方の変遷」をたどろうとしたのは、きわめて当然の着想といえる (同上: 30)。

林は「『ゴジラ』における武力描写」という節で、つぎのようにのべる。

「『ゴジラ』は終戦後9年目の1954年に作られた。未曾有の怪獣に襲われる首都東京の描写は，空襲によって破壊される東京の姿そのままに描かれている。木原（2001）は『ゴジラ』で本多猪四郎，円谷英二が見せたかったのは東京大空襲の再現だと指摘している。同様の指摘は藤川（2004）にもあるが，指摘通り作品中

随所に戦災的表現が散りばめられている。
　〔……〕ゴジラについての報道を読む電車の中の男女は、
　女　「やなこった。せっかく長崎の原爆から命拾いしてきた、
　　　大切な身体なんだもの」
　男1「そろそろ疎開先でも探すとするかな」
　女　「私にもどっか探しといてよ」
　男2「あ～あ、また疎開か、まったくやだなぁ」
　といった会話を交わす。
　　ゴジラ上陸後の炎上する銀座の街角で、逃げ遅れた母親
　が幼い3人の子どもを抱きながら「お父様のそばに行くのよ、
　ね、もうすぐ、もうすぐお父様のところに行くのよ」と子ど
　もたちに言い聞かせる。当時この映画を見た者は誰もが、こ
　の子どもたちの父親は先の戦争で死んだのだと自然に思った
　に違いない。機雷、原爆、疎開といった言葉が日常の中にリ
　アルな経験の一部として残っている時代である。」

(はやし 2008a: 37)

　さきに紹介したように、田畑雅英も（敗戦後10年たっていない）1954年当時の日本の心理状況を同様にのべていた。「銃後」（後方）から戦地をささえていた戦時中の国民の戦争責任の濃淡はともかく、米軍の戦争犯罪としての無差別爆撃や原爆投下という非道のもとをいきのびた層には、戦災は超大型台風の直撃や巨大地震のような圧倒的な経験だったに相違なく、「被害者」意識のリアリティを「独善的」と断じて優越感にひたることの不毛さはあきらかだろう。
　ゴジラの襲撃をくいとめようとする軍隊の無力さについても、林

の解釈は、佐藤健志とは正反対となる[8]。

これも、少々ながいが、重要部分を引用しよう。

> 「1954年は自衛隊法が施行され自衛隊が発足した年である。自衛隊の前身は保安隊、その前は警察予備隊であるが、映画の中でゴジラと戦う軍隊は防衛隊と呼ばれている。映画冒頭には「賛助 海上保安庁」とクレジットされ、物語の発端となる貨物船の連続遭難事故に際して、詰めかける乗組員の家族達に対して誠実に対応する海上保安庁職員の姿が描かれている。〔……〕映画の中での武力は、海上保安庁と防衛隊とは区別して描かれていない。が、ゴジラ登場後の戦力は、戦闘機、戦車など海上保安庁のものとは考えられないものが主となり、対ゴジラ戦を担う武力の中心は防衛隊のものであると考えて間違いないであろう。
>
> ゴジラの本土接近に対してはフリゲート艦隊が出動し爆雷による攻撃を行う。上陸しようとするゴジラに対しては陸上からは機関銃による銃撃、上陸後は戦車による攻撃、また戦闘機からのミサイル攻撃を行っている。が、機関銃は何の足しにもならず、戦車もゴジラの吐く白熱線で炎上、戦闘機のミサイルも叩き落とされて、結局ゴジラは海に逃げる。ゴジラ対策全般の指揮をとる

---

[8] ちなみに、佐藤は、ゴジラ撃退の新兵器「オキシジェンデストロイヤー」の使用をためらう科学者芹沢大助博士に対して「自分の研究が悪用されなければ日本が滅んでもいいらしい」と軽蔑をあわらにし、「研究成果を焼却するのを止めようとしない」のを「何たる無責任な態度であろう」と断罪する(さとー 1992: 94)。こういった、「国防」意識からは、当然核兵器使用も正当化されてしまうだろう。「ゴジラ」シリーズ初期には確実に実在していた反戦意識・反核意識をまったく評価せず、「無責任」だとか「被害者意識」「甘え」などと断罪できてしまう政治的位置どりのあやうさが露呈した、典型的認識だろう。

「特設災害対策本部」は5万ボルトの電流を流した有針鉄条網を海岸線に張り巡らし，上陸したゴジラを感電死させようという作戦をたて官民一体で防衛線を完成させるがあっけなく突破されてしまう。

攻めて来た巨大な敵に対して，艦隊・戦車・戦闘機は当然の如く登場し攻撃する。が，当然であるが故にことさらに強調されもせず，美化されて描かれるわけでもない。合計にして9分余りの攻撃時間であり，描かれるのはゴジラを前にした時の武力の無力さである。

ゴジラが東京を襲い海に去って一夜明けた対策本部は，被災した人々の臨時の収容所となっている。屋内は負傷者で埋まり，子どもがガイガーカウンターで被爆状況を測定されている。看護婦が忙しく行き来し，衛生班が次々と負傷者を運び込み，遺体を運び出す。母を失った子どもが突如大声で泣き始め，恵美子は思わずその子を抱きしめる。その情景は，空襲後の状況なのだと言っても違和感はない。「平和の祈り」の合唱が流れ，被災地と被災者の姿が映し出される。それはそのまま反戦を祈願する姿になっている。

ゴジラに対して人間の保有する武力はまったく歯が立たない。結局，ゴジラを倒したのは科学による発明であったが，『ゴジラ』では防衛隊と科学者とは距離を置いている。これはその後のゴジラ作品，とりわけ新世紀シリーズとは大きく異なる部分である。新世紀シリーズでは，科学は武力を生み出すための技術として武力の一部として取り込まれてしまっている。芹沢は，そもそも軍事転用を怖れて世間からオキシジェンデストロイヤーを隠しているし，山根も防衛隊のゴジラ抹殺の方針には反対の立場を取っている。『ゴジラ』には，「原水爆のような科学の"悪用"を警戒しつつ（しかしゴジラという未曾有の災害から人類を救ったのも科

学の力である)，武力に頼ることなく(自然の怒り，人間の生み出した驚異的な暴力に対して，武力は結局無力なもの)，平和な世界を築いていこう」というメッセージを見いだすことが出来るが，このメッセージは科学が武力に取り込まれ，科学が武力に奉仕する新世紀シリーズでは見いだしにくい。

　『ゴジラ』を反戦映画・反原水爆映画とすることの是非については様々な論評が行われているが，山根の「あのゴジラが最後の一匹だとは思えない。もし，水爆実験が続けて行われるとしたら，あのゴジラの同類がまた世界のどこかに現れてくるかもしれない」という言葉からも，少なくとも武力を称揚したり，原水爆を肯定的に描こうとしているとは読めない。当時の観客の中の消しようのない戦争の記憶を想起させながら，広島・長崎を経験しながらもなお原水爆を作り続ける人間，それを止めることの出来ない人間の愚かさを娯楽映画の枠内で描いたものであることは間違いない。

　したがって，武力に対しても肯定的ではありえず，ただし一方では，攻撃に対する反撃は当然のこととして，ことさらに否定しているわけでもない。これが当時の，時代の持つリアリティであったのだろう。」

(はやし2008a: 37-8)

## 4-3
## 右派層による、ゆがんだ「戦争責任」論

　一方、佐藤らの「戦争責任」論にひきずられる論者は、つぎのような、ネジれた解釈にひきずられてしまう。すでに紹介した一市民

のブログ記事[9]だが、注目すべき意識・論理が端的にしめされているので、一部重複する部分もふくめて引用する。

> 〔……〕ぼくらは『ゴジラ』のどこに「反戦」を見るべきなのだろうか。見ての通り『ゴジラ』には、ゴジラ自身が「反戦」を直接に訴えているようなシーンはどこにもない。
>
> しかしその一方で『ゴジラ』が、1954年当時の日本人に、もう一度あの戦争を追体験させてしまう映画であったことも間違いない。ただしここで注意すべきは、そこには「日本人がアメリカ人にやられたこと」だけしか描かれていないという点だ。日本がアメリカにやったことには一切触れられることはない。
>
> 戦争というのはある程度までお互い様であるのに、これはあまりに一方的な表現だと言えるだろう。
>
> この件については佐藤健志という作家が『ゴジラはなぜ日本を襲うのか』(『ゴジラとヤマトとぼくらの民主主義』)という文章のなかでこう書いている。
>
> > 太平洋戦争のイメージを、コンテキストを無視して(つまり日本人が被害者となった部分だけを)取りこむことによって、これらの作品は暗黙のうちに日本の戦争責任を免罪し、日本人の被害者意識を正当化してしまうのだ。
>
> この説は、1954年当時の日本人のメンタリティーについての指摘という意味では正しいように思える。しかし、その「被害者意識」が、どうして「反戦」に結びついていったのか。
>
> 初めに言ったように、ゴジラが「反核」映画であることは疑いがない。ゴジラ映画に最も詳しい人間の一人である竹内博さん

---

9　ブログ「ゴジラは反戦映画か？〜東京大空襲と原爆」

は、香山滋の原作を子どもむけに編集した『ゴジラ、東京にあらわる』の巻末の解説のなかで

　この作品のテーマは、今なお世界各国で続けられている核兵器実験に対する反対と抗議です。

と書いている。

　『ゴジラ』のテーマは「反核」であると、子どもたちに向かって断言している。

　しかし、どこにも「反戦」だとは書いていない。もちろん、ちくま文庫『ゴジラ』に収められた香山滋自身による『トーク＆エッセイ』を見ても、「反戦」という単語はみつからない。

　では、原作者すら意識していなかった「反戦」が、どうして『ゴジラ』と結びついていったのか。

　それは、佐藤健志の言う「被害者意識」の「薄れ」にあったとぼくは思う。

　1954年当時の日本人、つまり戦中派の人々には、『ゴジラ』によって正当化された「被害者意識」と同時に、「加害者意識」もあった。戦争をしてしまったという罪の意識だ。

　しかしこのとき注意しなくてはならないことは、戦中派の人々は、日本がどうして欧米相手の戦争に踏み切らなくてはならなかったかの理由を知っていたということだ。一般大衆にはそれすら知らされなかった、と広く喧伝されていることが事実無根のでっちあげであることは、佐藤優氏の『日米開戦の真実』などで完全に論破されている。

　だからこのときの罪の意識とは、戦争に負けてしまったという結果に始まる。勝ってさえいれば「尊い犠牲」だったものが、全部まるっきりの無駄になってしまったという後悔だ。

　つまり、戦中派の「加害者意識」とは、あくまで内向きのものだった。

しかし時が流れるにつれて戦争の記憶も遠いものになり、やがて戦中派も黙して語らなくなった。『ゴジラ』を観る者は、戦争を知らないこどもたちになった。そして、そんな戦後に生まれた子どもたちには、いわゆる戦後教育が施され、戦前の日本は丸ごと「悪」であると教えられた。同時に国民のアメリカ化も行われ、アメリカこそ戦前の「悪」の支配者から日本を解放した「正義」だとも教えられた。

　では、そのような教育を受けた目には、『ゴジラ』はどのように映ったのだろう。

　戦後生まれには、戦中派が欲した"被害者意識の正当化"という渇望はない。だから『ゴジラ』に癒しを求めているわけではない。戦後生まれにとっては、あの戦争は「他人事」でしかない。

　しかし『ゴジラ』は、あの戦争で日本がアメリカにやられたことの再現劇だ。そこには今なお、ありありと空襲や被爆の恐怖だけが残されている。それだけを『ゴジラ』は繰り返し繰り返し、新しい世代に見せ続けていく。

　ここに、戦前を「悪」だとして全否定する戦後教育を足してみれば答えはこうなる。

　学校の先生は言うだろう。

> 「戦争の悲惨さを訴えているのが『ゴジラ』なんだよ。あんなバカな戦争をしたせいで、日本は焼け野原にされたうえ、原爆まで落とされてしまった。全部、むかしの日本人が招いた自業自得なんだよ」

『ゴジラ』を語る時、往々にして「反核」とセットにされる「反戦」。

　それは要するに、アメリカと戦争をしたことの愚かさを指している。アメリカに逆らったから、あんなひどい目に遭わされた。だから日本はアメリカの言うとおりにすればいい。

『ゴジラ』が伝える「反戦」とは、結局のところ、そういうことだろう。
　もう一度言うが、香山滋も円谷英二も『ゴジラ』に「反戦」のメッセージなど込めてはない。むしろそれは「反核」すなわち、アメリカに対する抗議だった。
　ならば『ゴジラ』の「反戦」とは、何者かによって故意にねじまげられ、付け加えられた解釈だと言えるだろう。
　『ゴジラ』は今も、日本人が自虐的であることを望む、ある人々によって利用されている。」（「ゴジラは反戦映画か？〜東京大空襲と原爆」〔ブログ『逆襲のジャミラ』2008-09-29[10]〕）

「ヒーロー番組に仕込まれた自虐史観について考察中」と公言する論者である以上、無自覚な右派なことはあきらかだ。だからこそ、佐藤ら（健志／優）の議論に疑義をおぼえないし、大東亜共栄圏構想の擁護などにはしって、戦後史も直視できないのだろう。
　アメリカが日本の民衆を軍部（それと不可分の天皇＋側近ら）の無謀な冒険主義（国民の安全を二の次にした帝国主義的膨張と太平洋戦争という愚劣な選択）から救出したのは事実である。そして、そういった巨視的現実とアメリカの帝国主義的策動とは、歴史的事実として「両立」したし、当然アメリカ軍の戦争犯罪も「両立」した。さらにいえば、大東亜共栄圏構想を信じてたたかった兵士が、日本軍の降伏後に現地のゲリラと合流したケースもある（単に敗戦をしらずにジャングルにかくれてサバイバルしていたのとは異質だ）。右派や保守とちがって、左派はアメリカ政府に洗脳などされなかったし、アメリカ帝国主義を正当化することはもちろん、帝

---

**10** http://takenami1967.blog64.fc2.com/blog-entry-4.html

国日本の偽善・欺瞞も合理化しない。そういった視座から戦中史／戦後史をふりかえれば、「アメリカにハメられた」論にも、「アメリカに洗脳された」論にも、くみしないことになる。もちろん、「勝ってさえいれば「尊い犠牲」だったものが、全部まるっきりの無駄になってしまったという後悔」といった、ゆがんだ独善・自虐などには、当然批判をくわえるだろう。そういった歴史観からすれば、大東亜共栄圏構想を信じてたたかった兵士の「戦後」のゲリラ活動も当然「理解」できるし、「銃後」として「前線」をささえた「妻」たちが同時にアメリカ軍の戦争犯罪の被害者でもあり、サバイバーとして戦後をいきぬいた現実も、矛盾なく「理解」できる。正当化するのではなく「理解」するのだ。

　親米保守や面従腹背する保守・右派はもちろん、反米右翼らには、以上のような、重層的・多元的な加害・被害関係は、理解不能なのだろう。おそらく、歴史的現実（重層的・多元的な経緯）を直視できない／したくない勢力だからである。歴史的現実を直視しない勢力だからこそ、沖縄戦での住民も「日米両帝国主義の被害者」としては位置づけず、しばしば殉国的な意義しかみとめないし、アメリカ政府においつめられてしかたがなく発生した開戦という論理と奇妙に「両立」させられる米軍の戦争犯罪の矮小化[11]などが、発生するのだろう。

　そもそも、「アメリカに逆らったから、あんなひどい目に遭わされた。だから日本はアメリカの言うとおりにすればいい」といった論理は、自民党をはじめとする保守派に一貫した基本スタンス（暗黙の了解）だったではないか。《左派が（なぜだか）アメリカのエー

---

[11] 「日本がアメリカにやったことには一切触れられることはない。戦争というのはある程度までお互い様であるのに、これはあまりに一方的な表現だと言えるだろう」という、無自覚な右派ブロガーの戦争観を再検討しよう。

ジェントよろしく、組合活動や教科書などをとおして生徒を洗脳し、その結果反日的になった》といった、右派の一貫した攻撃。それは、左派の主流部が反米ナショナリストだった以上、事実誤認ないし悪質なキャンペーンであるばかりでなく、「親米保守がなぜ右派の標的にならなかったのか」という問題を抑圧する。たとえば「ゴジラ映画などは、親米保守勢力による洗脳装置だった」とでもいいたいのか。「戦争の悲惨さを訴えているのが『ゴジラ』なんだよ。あんなバカな戦争をしたせいで、日本は焼け野原にされたうえ、原爆まで落とされてしまった。全部、むかしの日本人が招いた自業自得なんだよ」といった洗脳が、(無自覚な)右派ブロガーのいうように、かりにあったとして、対米戦争をさけえなかった日本政府(昭和天皇ヒロヒトもその不可欠の一部)の責任は依然きえない。

「銃後の妻」や「学徒動員」「女子挺身隊」などの問題を矮小化してはいけないが、米軍による無差別爆撃や原爆投下、沖縄戦など非戦闘員がまきぞえになった1945年という歴史的事件の直接的責任は、降伏をこばみ、「終戦」をさきのばしにした昭和天皇をはじめとした「御前会議」メンバーにあるだろう。かれらがA級戦犯などとして処刑されるなどは、それこそ「自業自得」ではないのか。「後方支援」としての動員体制はともかく、日本列島や琉球列島の非戦闘員は、愚劣な戦略のまきぞえになったのであり、まさに「犠牲者」だったはずである。右派ブロガーの論理は、戦争責任を誠実におわない日本人といった批判をかたるようでいて、昭和天皇から無辜の犠牲者までを一緒くたにしてしまう最低の暴論である。東アジア各地をふくむ環太平洋地域の被害者に、沖縄人や朝鮮人の犠牲者まで「同罪」(主犯たちと同列の共犯者あつかい)とみなせる層が

いるはずもない[12]。

「『ゴジラ』は今も、日本人が自虐的であることを望む、ある人々によって利用されている」といった認識は、所詮は根拠のない陰謀論にすぎず、戦後の日本人が実際自虐的である側面（一貫して米軍の後方支援に動員されている準植民地状況に無自覚で、せいぜいアメリカに対する劣等感をなげくだけの心理）には、めをむけない被害妄想のたぐいだろう[13]。

## 4-4
## 大学人が危惧するゴジラ作品の変容

ところで林延哉は「続編」の論考で、「平成ゴジラシリーズ」について、「2.2『ゴジラ VS ビオランテ』〜新たな原点と軍隊の突出〜」という節を展開している。

> 「『ゴジラ』(1954年版)が,全てのゴジラ作品の原点とするならば,平成期以降のゴジラ作品の原点は1989年に公開された『ゴジラ VS ビオランテ』であろう。『ゴジラ』(1984)が,ともかくもゴジラを現代に復活させた作品であるとすれば,『ゴジラ VS ビオランテ』は新しいゴジラが向かいうる方向性と持ちうるテーマの可能性を提示した作品である。冠木(1993)はこの2作品を

---

[12] 【コラム4-1：とわれないヒロヒトの戦後の言動】参照。

[13] 「自虐史観」などと公教育の教科書史観などを批判する勢力が右派（歴史修正主義）でなかったことなどない。戦後日本の公教育における教科書史観が戦争責任や植民地支配などについてドイツなみの自己批判の水準にたったことがない以上、「自虐史観」といった評価は事実誤認の最たるものである。

「ゴジラ映画原点期」と称し,『ゴジラ』(1984) は「五四年『ゴジラ』の偉大な幻におびえた作品」,『ゴジラVSビオランテ』は「過去のゴジラ作品を踏まえつつ遺伝子のアイディアを取り入れて勝利の糸口をつかんだ」再生のヒントを与える作品であると評している。」
(はやし 2008b: 52)

「この作品の大きな特徴は,映画全編を通して登場する自衛隊の活躍である。〔……〕

前作でも自衛隊はゴジラの対戦相手の中心として登場してきたが,前作ではあくまでも,30年ぶりに現れたゴジラに対して,自衛隊が対戦するために出動したという設定であった。しかし今作では,ゴジラの出現は想定範囲内で,対応するのは自衛隊であることも既に定められているという設定になっている。従って,ゴジラの出現が予測されてからなんらかの決着を見るまで,すなわち最初から最後まで自衛隊が,本編のドラマの中心となる。

ドラマとしての登場シーンだけではなく,自衛隊の兵力の映像においても,火力演習のライブ映像だけでなく,映画の撮影のためにヘリコプターを飛ばし戦車を配置する等自衛隊の全面協力によって映画は作られている。昭和期の記号化された軍隊ではなく,実際に存在している自衛隊の映像と特撮映像とを細かいカット割で繋いでいくことで,リアルで迫力のある戦闘シーンを作っている。この作品では,〔……〕ゴジラの分身である植物怪獣も登場するが,対ゴジラ戦の印象はビオランテよりも自衛隊が強い。

自衛隊特殊戦略作戦室は自衛隊における「噂のヤングエリート集団」で,対ゴジラ戦における陸海空全軍の指揮を任される黒木特佐は23歳という設定である。前作『ゴジラ』では有人機であった陸上自衛隊のスーパーXは,リモコン操縦が可能な無人戦闘機スーパーX2となり,司令室から二人のオペレータによって操作される。コントロールのためのレバーはさながらゲームの操作

レバーであり，ワイヤーフレームで表示されるディスプレイを見ながら攻撃を行う。権藤が黒木に向かって「ロボット工学，コンピュータ，新素材に超伝導，先端技術のオンパレードだな，そのうえ超能力か。自衛隊も変わったもんだなぁ」と言い黒木が「もうひとつあります。生物兵器というものが」と答えるシーンがあるが，次々と黒木が繰り出す超兵器が実際の自衛隊の兵器の映像と組み合わされて，あたかもニュールック自衛隊のプロモーション映画のようですらある。」 　　　　　　　　　　　　　（はやし2008b: 53）

「もちろん，特殊戦略作戦室や特佐という位階が実在するわけではない。様々な超兵器も映画の中だけのことである。しかし，先端技術をスマートに駆使して敵を撃破する"格好いい"自衛隊が，そこには描かれている。

『ゴジラVSビオランテ』には，ゴジラを資源とし核兵器を越える兵器を開発できる知識と技術を持つ桐島と白神という二人の科学者が登場する。彼らは協力して抗核バクテリアを完成させる。しかし二人の科学に対する考え方は異なる。年長の科学者白神は，科学は政治の道具に過ぎないと達観し，青年科学者桐島は，科学の力が軍事利用されることや命を弄ぶことを懐疑している。

この作品で遺伝子工学の対象とされることでゴジラはより"生物的"になっていく。人間はゴジラを対戦相手としてはっきりと想定するようになり，その象徴が「G」というゴジラの呼称である。

この作品以降ゴジラは，軍隊の中では「G」と呼称されることが多くなる。軍隊にとって「ゴジラ」は「神＝God-zilla」の呼称ではなく，単なる攻撃対象を示す記号に過ぎない。そのために新たな兵器を開発し，軍事力を増強する。科学と武力との間にはかつての対立はなく，科学が武力を統制するのでもなく，武力開発のために利用される科学が描かれ始める。

多くのアイディアとテーマの萌芽を内包した『ゴジラVSビオランテ』は，1990年代以降のゴジラ作品にとっての新たな原点である。そしてこの新たな原点では何よりもまず，軍隊こそが突出した存在であった。」

(はやし 2008b: 54)

「科学の力が軍事利用されることや命を弄ぶこと」に懐疑的な科学者が配置されている点は，第1作以来の基調がみられる一方，「科学と武力との間にはかつての対立はなく，科学が武力を統制するのでもなく，武力開発のために利用される科学が描かれ始める」など，リスク回避のためには武力開発に疑問をもたない姿勢が支配的になっていることがわかる[14]。なにより，「先端技術をスマートに駆使して敵を撃破する"格好いい"自衛隊が，そこには描かれている」とか，「ニュールック自衛隊のプロモーション映画のようですらある」といった印象をあたえるようでは，《憲法前文や9条の理念が邪魔で戦争が満足にできない》といった好戦派のホンネがSFのかたちで露呈しているといえるのではないか？　実際，ゲームや映画などで戦闘ものをこのむ層をふくめた、いわゆる「ミリオタ」部分は，《戦争が満足にできない》現実への不満を、フィクションのなかで妄想として発散してきたはずだ。日系アメリカ人ツツイによる「軍事ポルノグラフィー」との推定はまとはずれか？ (p. 186参照)

---

[14] ゴジラ撃退の新兵器「オキシジェンデストロイヤー」をめぐる、正反対の位置づけについては【コラム 4-3：佐藤健志ら右派による、マッドサイエンティストの正当化】参照。

## 4-5
## ゴジラ作品の軍事力賛美と右派の自慰的言動

　こういった、戦争の惨禍の記憶と再来への不安からほどとおい設定となった、第1作から30年という年月がもたらした問題意識の「風化」と世代的断絶。これら大学人の懸念に対して、右派が正反対の評価をあたえている点は、非常に興味ぶかい好対照といえるだろう。

> 　「〔……〕何にせよ、シリーズ再開にあたっての制作方針は明快であった。プロデューサーの田中友幸が再開第一作『ゴジラ』〔……〕について、「この、めったやたらに強い大怪獣を、現代のリアルな国際軍拡競争の中に投げこんでみよう（……）それが、長いゴジラ復活構想の中で得た結論でした」（パンフレットより）と述べていることが示すとおり、東宝は新しいゴジラシリーズに、大国となった80年代の日本の状況にふさわしいリアリティを持たせようとしたのである。
> 　したがって、『新ゴジラ』〔1984年作品のこと＝引用者注〕に始まる後期ゴジラ映画では〔いわゆる「平成ゴジラシリーズ（vsシリーズ）」のこと＝引用者注〕、従来の「ひがみ」と「甘え」から積極的に脱却しようという姿勢がつねに観られるようになった。その主要な現れは、ゴジラが日本に脅威をもたらす悪役に戻ったことと、映画の中の自衛隊の戦力がはるかに向上したことの二つであろう。『新ゴジラ』の自衛隊は、大国の軍隊にふさわしくスーパーXという円盤型の空中要塞を持つようになり、またカドミウム弾頭〔……〕を撃ちこむことにより、事実上独力でゴジラを撃退できるようになったのである。ついに日本も、少なくとも映画の中では自国の安全保障について真剣に考えるようになったの

だ。」 (さとー1992: 100)

　「少なくとも映画の中では自国の安全保障について真剣に考えるようになった」という判断がしめすとおり、佐藤健志やこうした論法に疑問をもたない読者たちには、現状の自衛隊とそれをとりまく法制が「自国の安全保障について真剣に考え」ていない国情とうけとめられていた。「事実上独力でゴジラを撃退できる」ような強大な防衛体制≒攻撃力とは、まさに右翼らの妄想的な理想といえるだろう。そして、おそらく、さきにふれた「通常の兵器では怪獣に歯が立たず、非常に強力な兵器、とりわけ現実には存在しない薬品・爆弾などによって辛うじて怪獣が倒される」さまが象徴する（＝大衆に想起させる）、B29に代表される米軍の圧倒的物量戦になすすべもなかった帝国日本と臣民の無力さ・無念さと、はかない「神風」思想をベースとしていた過去の「ゴジラ」シリーズは、かれらにとって苦痛そのものだったのだろう。結局、いろいろ「ゴジラ」シリーズにケチをつけつつも、それは、自分たちの妄想的な理想からの乖離がくやしいからにすぎない。「平成ゴジラシリーズ」で「活躍」する自衛隊とは、「事実上独力でゴジラを撃退できる」ような強大な防衛体制≒攻撃力をそなえ、かつ行使できる組織であり、かれらにとっての理想そのものなのだ。

　さらにいうなら「事実上独力でゴジラを撃退できる」ように強大な防衛体制≒攻撃力をそなえる組織とは、米軍の後方支援にあまんじるどころか、米軍との同盟・連携関係を不要とするような「実力」を象徴する。いいかえれば、右翼たちが夢想してきただろう、米軍からの攻撃を完全封殺するばかりか、その気になりさえすれば、モスラのごとく、アメリカ本土の任意の大都市を破壊しつくすような世界最強、いや史上最強の軍隊を日本がもちえたという含意なのだろう。太平洋戦争とその後の屈辱的な占領期と、その後の半植民

地状況を象徴するのが、自衛隊を拘束する憲法9条と、大量に駐留する在日米軍という実態なのである。その屈辱感を唯一はらせる、むなしい自慰行為[15]こそ、ゴジラまでも撃退しうる軍隊が大活躍するスクリーン上なのだろう。

## 【コラム 4-1：とわれないヒロヒトの戦後の言動】

ちなみに、1947年9月という日本国憲法施行以降の時期にもかかわらず、「米国による沖縄占領は日米双方に利し、共産主義勢力の影響を懸念する日本国民の賛同も得られるなどとして」「米国に

---

15 これは、もちろん隠喩的な揶揄であるが、実態（実体）的には、端的に「直喩的」構図かもしれないことを、もうしそえておこう。なぜなら、右派は典型的なマチスモの心身をいきているはずであり、戦闘・戦争を、敵の攻略（究極的には蹂躙＋絶対服従）をたがいにあらそい「雌雄を決する」ための、いわばセクシスト・ゲームとして理解しているとかんがえられるからだ（こういった暴力としての「女性化」ゲームについては、ましこ [2007: 201-2] 参照）。しかし、たとえば原爆投下や本土空襲の復讐のために、「9・11テロ」がかすんでみえるほどの灰塵状態に米国全土をおいこめたらといった妄想は、当然フィクションのなかでしか成立しない。米国民の徹底的蹂躙とは、大量の強姦殺人を寓意するはずで、それが妄想内で成就し快感体験となるのであれば、レイプビデオによるオナニズムと完全に同質である。「米国全土をおもうがままにレイプすること」という妄想は、右翼が70年ちかくいだいてきた共同幻想であろうし、自民党が党是としてきた自主憲法制定は、東京裁判の全否定をふくめた反米的な妄想を基盤にしていると推定できる。戦争できる国家として「復旧」し、しかし米国と軍事同盟関係にありながら、太平洋での覇権を維持するという姿勢にとどまるというのは、面従腹背ないしストックホルム症候群 (pp. 113-4, 脚注19参照) として、日本軍による北太平洋の制圧という夢想が実現不能な妄想だと、現実主義者なら直視するほかないからだ。「地位協定」をベースにした「日米同盟」とは、妄想と現実との妥協点なのである。

よる琉球諸島の軍事占領の継続を望む」といった意向をアメリカ政府につたえた、昭和天皇ヒロヒトの政治的策動(「天皇メッセージ」沖縄公文書館蔵[16])は、「軍国主義者によって騙されていた自分たちもまた、太平洋戦争の被害者だった」論の重要な反証材料になりえるはずだ。

また、沖縄海洋博への出席を名代の皇太子(現・天皇)にまかせて、訪米したヒロヒトがくちにした、広島市民の被爆は「気の毒であるが、やむを得ない」論(1975年)[17]も、昭和天皇の無垢イメージとは両立しえない。なにしろ、無条件降伏受諾をひきのばした張本人は、ヒロヒト本人だったのだから。

> 「1975年10月31日、訪米から帰国した際に行われた日本記者クラブ主催の記者会見で、記者からの質問に対し、次のように返答している。〔……〕
> [問い]戦争終結にあたって、広島に原爆が投下されたことを、どのように受けとめられましたか?(中国放送記者秋信利彦)
> [天皇]原子爆弾が投下されたことに対しては遺憾に思っておりますが、こういう戦争中であることですから、どうも、広島市民に対しては気の毒であるが、やむを得ないことと私は思っております。」
> (ウィキペディア「日本への原子爆弾投下」)

---

**16** http://www.archives.pref.okinawa.jp/collection/2008/03/post-21.html

**17** 昭和天皇「原爆投下はやむをえないことと、私は思ってます。」(YouTube) https://www.youtube.com/watch?v=4RKcd_OGam4

# 【コラム 4-2：佐藤健志の「ウルトラ」シリーズへの粘着ぶりとナショナリズム】

　「甘え」というキーワードで再三標的を攻撃しつづけるという意味で、それは、佐藤の執着する概念といえそうだ。佐藤は、「ウルトラマンの夢と挫折」で、たとえば「ウルトラマン物語のパターンは基本的には中期ゴジラ映画と同様の図式にもとづいた「甘えた侵略」物に分類される」といった軽侮をくりかえす（さとー 1992: 113-54）。しかし、B級エンタテインメントに、あまさ＝ごつごう主義（たとえば、主人公周辺の人物は何度も窮地におちいりながらも、決して無残な末路はむかえないとか）など、つきものではないか。しかも、佐藤の「甘え」論は、設定上の「あまさ」を包括的にせめているのではなく、宇宙人や怪獣の来襲から人類をすくってくれる「ウルトラセブン」などへの「甘え」についての、つじつまあわせをできなかった金城哲夫の矛盾・限界を問題にしているだけだ[18]。佐藤には自覚がないようだが、その「甘え」論は、アメリカ政府に準植民地化されたまま翻弄されつづける日本の政官エリートたちと、それを黙認する日本国民という屈辱的状況のいらだち（右派ナショナリスト的な反応）の産物だとおもわれる。さらにいえば、アメリカ軍を「用心棒」あつかいして、たよりにしているエリート・国民のストックホルム症候群[19]的な甘受のありさまが、屈辱的でたえがたい

---

[18] 金城哲夫作品に「一貫した作者の思想」などをよみとろうとする作業の無意味さについては、p. 53 参照。

[19] 「ストックホルム症候群（ストックホルムしょうこうぐん、Stockholm syndrome）は、精神医学用語の一つで、犯罪被害者が、犯人と一時的に時間や場所を共有することによって、過度の同情さらには好意等の特別な依存感情を抱くことをいう。

のだろう。戦後「民主主義」を攻撃するための素材として、B級エンタテインメントの設定・ストーリーを標的としたのは、やつあたりというべきだ。

## 【コラム 4-3：佐藤健志ら右派による、マッドサイエンティストの正当化】

　ちなみに佐藤健志は、すでに紹介したとおり、ゴジラ撃退の新兵器「オキシジェンデストロイヤー」の使用をためらう科学者を「自分の研究が悪用されなければ日本が滅んでもいいらしい」と軽蔑をあらわにし、再度の使用を不能にした決断を「何たる無責任な態度であろう」断罪した（さとー 1992: 94）。核兵器さえしのぐような破壊力（なにしろ、ゴジラさえうちたおした）を当然視するような「国防」意識からは、人類を破滅させる軍事技術さえも正当化されてしまう。ゴジラを撃退できても、そのあとで人類がほろびかねないという科学者の懸念は、当然のものであろう。文芸批評家の高橋敏夫は、

> 「芹沢をもっともゴジラに近づけているのは、彼が発見したオキシジェン・デストロイヤーなる原水爆をはるかに超える最終兵器である。ゴジラが一面で「原水爆そのもの」である恐怖の怪獣

---

1973年8月に発生したストックホルムでの銀行強盗人質立てこもり事件において、人質解放後の捜査で、犯人が寝ている間に人質が警察に銃を向けるなど、人質が犯人に協力して警察に敵対する行動を取っていたことが判明した。また、解放後も人質が犯人をかばい警察に非協力的な証言を行ったほか、1人の人質が犯人に愛の告白をし結婚する事態になったことなどから名付けられた（ノルマルム広場強盗事件）。〔……〕」（ウィキペディア「ストックホルム症候群」）

> であるとすれば、核兵器を超えた最終兵器をもつ芹沢博士は、恐怖の怪獣を超えた恐怖の「怪獣」にほかならない。」
>
> (たかはし 1999: 75)

と指摘した。佐藤の議論は、ゴジラを「駆逐」したあとの2匹目を強調する一方、ゴジラ以上の破壊力を実現してしまったマッドサイエンティストや技術の暴走を問題視しないという異様な論理といえよう。

たとえば、ゴジラにたいし突如発生した巨大竜巻のような位置づけをし、破壊のあとの撤退をまつという姿勢（とりあえず、住民は全員避難し、ゴジラ撤退をひたすらまちつづける）といった姿勢のどこが、おかしいのだろう。それにすでにのべたとおり、2匹目がでてくる可能性をもって巨大兵器が当然正当化されるという論理がそもそもおかしい。ゴジラなど怪獣が都市部を破壊する理由がわかれば、それをさける方策がみつかるかもしれないし、発生しないような対策をとることも、かんがえうるからである。実際、自然災害や猛獣や感染症など、パニック映画の素材とされるリスク要因は、世界各地を震撼させてきたわけだが、世界の広域で壊滅状態といった事態にはならないのが経験則上いえる。SFとしての特撮怪獣映画や宇宙人侵略は、もちろんこれら自然の経験則をこえた想定外の事態への不安をうけた想像力の産物だが、あたかも仮想敵国をかさねあわせて軍備肥大化を正当化する論調は、娯楽作品の悪用というほかない。そして実際、感染症や仮想敵国などへの過剰な不安のあおり行為は、各国政府だけでなく、国際機関でさえしばしばおかしてきたことを、確認しておくべきである（インフルエンザなどパンデミック騒動）。

これは、原発事故などの現実やリスクを矮小化して、「パニックをさける」といった論理で情報開示をこばむ、「エリートパニック」

とせなかあわせの組織犯罪として、重大な関心・監視が必要な問題といえる。政府当局などエリート層は、みずからの権限・利権の擁護・拡大のために、リスクを恣意的に過大評価／過小評価して大衆をだましてきたからである。ゴジラ映画にも、「エリートパニック」をえがいた場面は、いくつもみられる。同時に、右翼やエリートたちは、SF娯楽作品までも動員して、それらが暗示するリスクを現実的な問題と錯覚する層（たとえば、エボラウイルスetc.）を情報操作の対象とねらっているとうたがわれるのである。

# 5章
# ゴジラ／モスラに、かげさす安保体制

**本章のあらまし**

前章でとりあげたように、怪獣作品に対するリアリスティックな詮索は不毛であり、特に、「進路」「標的」に合理性などをもとめたり、ナショナリスティックなよみこみをしたりするのは、ないものねだりだ。ただ、ゴジラ／モスラ作品に安保体制などがかげさしてきたのは、現実だ。

たとえば、初代『モスラ』には、前年の日米安保条約と同時に締結された日米地位協定がもたらす治外法権状態など植民地状況がつよく意識されていた。在日米軍がモスラを奇妙にも迎撃しない展開なども、皮肉にも日本を本気で防衛する意思のないアメリカ（安保体制の本質＝保護者をうそぶく軍事支配）を象徴している。しかも、モスラはニューヨークとおぼしき巨大都市を壊滅させる。モスラの原作者たちは、軍事支配の憤懣だけでなく、米軍による無差別爆撃の象徴的復讐さえもはたしたのだ。

一方、「ゴジラ」シリーズは、前章でもとりあげたように、在日米軍はあたかもないかのように終始その存在がふせられ、軍事植民地としての実態を必死に否定する設定がこらされているようにみえる。そして自力で国土をまもろうとする自衛隊とおぼしき組織は、後年ミリオタの妄想をみたすかのように大活躍し変貌をとげる。あたかも自衛隊違憲論など存在しないかのように観客はそれを受容し、それは現在の改憲論が常識化していく経緯の前史をなしていた。

かくして、怪獣作品は、日米両軍に素材をとってもとらなくても、結果として安保体制など現実的な政治性を暗に象徴するという皮肉な存在となったのである。

## 5-1
## 「ゴジラ」シリーズで、ひたかくしにされる在日米軍

　もうひとつ、わすれずに指摘すべき問題がある。それは、「ゴジラ」シリーズにおける、在日米軍の「不在」である。佐藤健志は、サラリとかたづけているが、実に異様な構図である。

> 「〔……〕どちらの映画〔第1作『ゴジラ』と第2作『ゴジラの逆襲』をさす＝引用者注〕でも、自衛隊がゴジラによって壊滅させられたというのに、在日米軍は全く登場しない。日米安保条約はどうなったのかということも注目されるべきであろう。」

(さとー 1992: 92)

　皮肉ないいかたになるが、「甘え」だのと、ひたすら日本の国防意識のダメさ加減を「ゴジラ」シリーズに仮託して非難する論者にしては、不可解なセリフである。そもそも、国権の最高機関の拠点にして象徴である標的＝ランドマークたる国会議事堂などを「くりかえし破壊しつづけた」ゴジラが、奇妙なことに旧江戸城を不可解にも破壊しない[1]など、アメリカ政府が原爆投下や無差別爆撃計

---

1　これまでも、論者がいろいろ解釈をたたかわせてきた（たとえば「英霊」論 etc.）が、単純に解釈すれば、広義の「菊のタブー＝不敬意識」だろう。制作陣が宮内庁関係者から、「宮城(きゅうじょー)」はまさか破壊する展開にはしないだろうなどと、牽制(けんせー)されたといったはなしはきくが、そもそも「菊のタブー＝不敬意識」をおかしてまで、B級映画をたのしみたいとおもう大衆などいない以上、娯楽作品業界が、そういった挑戦的な展開をえらぶのは、むしろ不自然だろう。のちの「風流無譚(ふーりゅーむたん)」事件（「嶋中(しまなか)事件」1961年）など、右翼のテロも現実的なリスクだったはずであるし。むしろ、「英霊」論などをたたかわせる論者たちがかかえている「菊のタブー＝不敬意識」こそ、

画にかかえこんでいた恣意性とにた偶発性でもあったとでもいうのだろうか？ もともと初期のゴジラは、大空襲や原爆を投下し日本を広域にわたって焦土と帰せしめた米軍の暴力性を象徴していたし、巨大災害をいきのびた被災者感情を想起させるものだったはず。その意味では、「天皇は、人間宣言して、いまや新しい神たるアメリカのもとにあり」「かつての呪縛力の根源であることをやめた、そのことを誰の目にも明らかにするために、〔ゴジラは＝引用者注〕戦後日本に再来している。」「ゴジラ（＝戦争の死者）の苦しみの深さは、その呪力とともに、もはや天皇のそれを越えている」といった、1954年版『ゴジラ』についての加藤典洋の力んだ解析は、単なるからまわりにすぎず、滑稽であわれでさえある (かとー2010: 154-5)。それほど、「破壊神」としてのゴジラに圧倒的な存在感があり、なだたる論者たちを真剣な解釈者においこんだのだとはおもう。しかし、「不敬」意識や白色テロによる犠牲者発生の不安といった俗っぽさはあれ、深刻な恐怖感[2]が議論の前面にでない点こそ、タブーの深刻さをうかがわせる。むしろゴジラ撃退に出撃して当然の

---

戦後日本を支配してきた呪縛といえよう。

なお、映画社会学・映画論専攻の永田喜嗣(ながた・よしつぐ)は、映画会社でも特に保守的な東宝という会社が皇居襲撃といった「不敬行為」などゆるさないのが「実情」だとのべている (ながた 2013)。だとすれば、テロリズム不安などは、こと東宝作品には、無関係なのかもしれない。

[2] 浅沼稲次郎(あさぬま・いねじろー)暗殺事件（1960 年）をはじめとして、暗殺事件は 1960-1 年に連続してひきおこされており、それにさきだつのは敗戦直後の白色テロや 1930 年代の軍事クーデターであって、50 年代には、その可能性はひくかったのかもしれない。しかし、1949 年には「国鉄三大ミステリー事件」が発生するなど、《なにものかにけされるのではないか》といった不安感は無視できないはずである。いわゆる「逆コース」がはじまって、1950 年にはレッドパージ、1951 年には右翼団体が公然と活動をはじめたなど。

米軍の不在とは、戦前の天皇制の呪縛（治安維持法にもとづく特高警察などの恐怖政治etc.）を圧倒的に超越した「新しい神たるアメリカ」への恐怖感がもたらした抑圧なのではないか[3]。

たとえば木原浩勝（きはら・ひろかつ）は、東京大空襲におけるB29の爆撃ルートの「再現（リプレイ）だったはず」と、当時の制作意図を推定している（きはら2001: 41）（詳細は【コラム2-1】参照）。『ゴジラ』第1作よりもあとにうまれた人物による後年の発言である以上、制作陣の意図そのものである保証はない（制作者本人の記憶自体の変質や抑圧、合理化などもありえるのだし）。しかし、そもそもゴジラが米軍の猛攻撃の圧倒的破壊力をイメージさせるものであった以上、《ゴジラが体現する暴力に、ゴジラによって象徴される米軍がたちむかう》という再帰的な対立図式は、本質的に不自然だろう。

## 5-2
## モスラに、かげさす安保体制

さらにいうなら、ゴジラばかりに注目があつまるが、小野俊太郎も着目するとおり、すくなくとも『モスラ』には安保条約のかげが、しっかり刻印されている。小野は「「地位協定の」の影」というみだしをかかげ、1960年の新・安保条約に付随したとりきめの「影」が作品に確実に投影していることを指摘している。

「ロリシカ政府も、当初は「海外にある自国民の権利と財産は、

---

[3] ただ、すでにのべたとおり、『モスラ』はあきらかにニューヨークとおぼしきアメリカ（作品中の「ロリシカ」）の都市を灰塵に帰せしめる。いくら、コロンビア映画というアメリカ資本との共同制作だとはいえ、アメリカ本土の中心都市はタブーの対象ではない。

これを擁護するものである」といっていた、だが、騒動が大きくなると、「ネルソン氏所有の二人の小美人の所有権を、両国親善のため放棄することが望ましい」と方向を改める。もちろん、こうしたロリシカ政府の意向に日本政府は同調しているだけで自発的な判断はなく、また、ネルソンが大使館の偽名のパスポートを使って外交特権でケースを開けさせずに小美人を連れ去ったのも黙認する結果となった。

　ここで描かれているのは、ウィーン外交条約で正式に認められた外交特権の悪用なのだが、日本で映画を観ている者には、前年の1960年6月に「日米安保条約」と同時に結ばれた「地位協定」が関係していると感じられただろう。第1条で、合衆国軍隊の構成員や軍属や家族を定義していて、第9条第2項で彼らは「外国人の登録及び管理に関する日本国の法令の適用から除外される」となっていた。MPの姿を登場させたのは、そうした連想をひき起こす要素の挿入だったのかもしれない。

　治外法権的な扱いを受けるアメリカ人が存在することへのいらだちが、「堀田〔善衛＝引用者注〕ら原作者たちや製作の本多〔猪四郎＝引用者注〕たち」にも共有した思いだったと推測できる。〔……〕相互の協力をいいながら、アメリカ領土に日本軍が基地を設置して日本の軍関係者が特権的な扱いを受ける、などという可能性が考慮されたはずがない。

　法律の抜け穴を悪用してネルソンはロリシカへ逃げおおせるが、それを追うことは防衛軍にも日本政府にもかなわないのである。彼を裁けるのはロリシカ政府しかない。〔……〕

　ところが、「神話」と「本能」で動くモスラは、そうした法律や国境や制空権の壁なぞおかまいなしに、ロリシカ国へと飛んでいってしまう。

　非常事態にいったい誰が誰を守るのかをめぐって、「モスラ神

話」と「日米安保体制」がもつ価値観がぶつかる。

　ここには初代ゴジラとは異なる考えが渦をまいている。60年安保を経たからこそのストーリーである。〔……〕

　神話に書かれた「契約」にもとづき、島の外に連れ去られた小美人を守るモスラとおなじく、モスラに襲われた東京＝日本で誰が誰を守ってくれるのかがひとつの要点となる。暴走するモスラに防衛軍では足りなくなり、ロリシカ軍が新兵器を投入するが、日本の国内に封じこめることはできずに、モスラの暴走する野生は列島の外へとあふれていく。」
(おの 2007: 104-7)

このようにみてくると、佐藤健志の「自衛隊がゴジラによって壊滅させられたというのに、在日米軍は全く登場しない。日米安保条約はどうなったのかということも注目されるべきであろう」(さとー 1992: 92)という非難がましい指摘は、一見疑問をよそおってはいるもの、結局のところあからさまな政治性を浮上させる。『ゴジラ』で在日米軍が不気味に沈黙しているという不自然さを指摘するなら、「モスラ」シリーズにでてくる米軍にも言及しなければなるまい。批評行為として正当な問題設定をおこなうとすれば、「自衛隊とおぼしき日本政府軍がゴジラによって壊滅させられたというのに、在日米軍は全く登場しない。その後も「ゴジラ」シリーズでは、ほとんど在日米軍の存在が不気味なばかりに回避される。モスラ作品では安保体制がえがかれているのだから、タブーがあるとはいえあまりに不自然である」といった感じか[4]。

　そもそも、佐藤らのように、米軍との軍事同盟に対して、ごつご

---

4　モスラにかぎらず、ゴジラ作品がかかえる政治的含意・寓意については、章末の【コラム 5-1：えがかれた／えがかれなかった自衛軍や米軍の政治的含意】参照。

う主義的に自立／連携をきりかえるような恣意的な姿勢など、『モスラ』の原作者の意識のまえには、ナンセンスである。当然のことながら、堀田ら原作者たちは、アメリカ政府による日本列島周辺の植民地支配をみすえていた[5]。それどころか、小野俊太郎が指摘するとおり、原作者たちは、アメリカ本土攻撃という夢想を作品のなかで実現し（おの2007: 213-6）、それを結果的に、アメリカ市民につきつけることに成功した。そして「キングコングにもできなかった破壊を、ロリシカ軍も止めることができず、モスラ殺害は不可能となり、攻撃していた軍隊も沈黙」（同上: 216）という設定は、ゴジラの破壊をくいとめられない〈日本軍〉が、アメリカ軍に封殺された旧日本軍を象徴していた構図をこえていることがわかるだろう。史上最強だろう米軍さえも本土防衛に失敗するような、圧倒的な「破壊神」

---

[5] ただし佐藤は、後年、「免罪された水爆実験」という文章で、安保体制に翻弄される日本をえがこうとした『モスラ』を冷笑的に批評している。たとえば、「どうも日本・ロリシカ間には、現実の日米間と同じく、安全保障条約が存在するらしい。ちなみに構想段階では、日米安保条約の是非をめぐって政治が紛糾した1960年に物語を設定、反政府のデモ隊が取り囲んだ国会に、その代表よろしくモスラを突入させる案さえ出たが、東宝側が却下したという。」「肝心の自国が白人大国の手先では、いかに「アジアの解放」をぶちあげたところで日本人の立つ瀬がない。『モスラ』はこの問題を「国としての日本はロリシカの言いなりだとしても、個々の日本人は小美人の味方であり、したがって『善』なのだ」とする解釈で切り抜けようとした。安保条約に関する岸信介首相（当時）の名台詞にならえば、国民の「声なき多数の声」はモスラ支持というわけである。」「だがそうなら、日本人の多数派は自国の破滅を望んでいることになってしまう」などと（さとー 2008: 235-6）。

　ちなみに、原作からシナリオ化されても（実際には、原作→シナリオ第1稿→決定稿→映画と、3段階の改変があったが）この図式はのこされ、アメリカ市民も、なにも疑問視することなく鑑賞したのだろう（なかむらほか 1994）。

こそモスラであり、それは現代の科学文明の限界を象徴しているのだ。なにしろ、モスラは撃退されず、ただ「かえる」だけなのだから。

## 5-3
## 徹底的にふせられる安保体制のかげ

一方、右派以外でも、「『ゴジラ』におけるアメリカの不在」という論点を提出し「当時の世相・時代背景があれほど反映しているにもかかわらず、一点だけどうしてもあり得ないことがある。それはアメリカの不在であった」とする論者がいる (こばやし 1992: 23)[6]。

> 「ゴジラへの攻撃は映画によると「海上保安隊」と「防衛隊」によってなされるが、在日米軍の存在は全く無視されている。戦車からジェット機まで、はっきりと日の丸が描かれているのがわかる。
> 〔……〕ゴジラ映画はその後37年間に18本作られたが、在日米軍は一度も描かれていない。ということは、復興した日本を破壊しようとする巨大な怪物に、日本人が日本人だけで対決しなければならない、という、一つの命題がゴジラ映画を貫いているということになる。」
> (同上)

「もしゴジラが昭和26年以前に上陸していたら、武装解除された占領下の日本ではどうしようもなかったはずである。保安隊の

---

[6] この論点については、おなじ文学研究者の花田俊典が言及していたが、それは、政治性のたかい評論をかきつづけた吉本隆明の「南島論」でも「在日米軍の存在は全く無視されている」点が共通しているという指摘にとどまる (はなだ 2006: 87)。花田による「南島論」批判については、6-4 参照。

発足した昭和27年でも、軍事力のない日本はアメリカを中心とする連合軍か国連軍、あるいはアメリカ軍そのものに出動要請せざるを得なかっただろう。また、昭和29年であっても、現実問題として在日米軍が出撃するのは当然である。だがこの映画はそれを拒否しているかのようである。

『ゴジラ』という映画が単に反原水爆映画だったら、なにも戦車やジェット機に日の丸をつける必要はないし、日本人だけで戦う必要もない。それでもやはり、ゴジラには自衛隊が必要であった。そして自衛隊のないゴジラは考えられない。そういう何かがあったのである。」

(同上：27-8)

　文学者小林豊昌の反戦的でも好戦的でもない中立的な視座からする指摘は重要である。大怪獣ゴジラの襲来を撃退しようとする国家意思は軍隊なしには表現しえないということであり、(おそらくタブー視された米軍の存在の抑圧・隠蔽もあって)他国の援護を期待できない単独防衛が自明視されている(観衆もそれに疑問をもたない)。つまり、破壊されるべき大都市の復興と、その破壊を阻止しようとする国軍が必須の設定だったということ。つまり、水爆実験という大事件は重要だったものの、直接のきっかけは、帝都東京の復興[7]と「自衛隊」というなの日本軍の創設(1954年)だったということだ。

　また、林延哉は『ゴジラ2000―ミレニアム』(1999年)をとりあ

---

[7] すでに紹介した「〔隅田川以東には＝引用者注〕ゴジラと対等になりうる巨大なビルや建造物、つまり復興した日本を代表する近代都市の様相がなかった」(こばやし 1992: 36)という小林による指摘は、隅田川以西に「ゴジラと対等になりうる巨大なビルや建造物、つまり復興した日本を代表する近代都市の様相」が復活していたことを意味する。

げることで、つぎのような懸念ものべている。

> 「ゴジラが東海村原子力発電所近くに現れる。片桐の要請によって出動した自衛隊は、貫通弾フルメタルミサイルでゴジラを攻撃する。このシーンは実際の自衛隊の協力によって撮影されている。
> 　実際の戦車やヘリコプターや隊員が映画の内容に合わせた操作・演技まで行っている。そのためリアルで迫力のある戦闘シーンとなっているが、それゆえに返って、当然のように一般道を戦車が走行し「東海村」の道路標識の下を次々と通り過ぎてゆくという光景が、子どもの観客も少なくない娯楽映画の中に散りばめられ日常化していくことへの不安を感じさせる。その描写は、昭和期の記号的な戦車の進軍とはまったく異なっている。」

(はやし 2008b: 59)

その次作『ゴジラ×メガギラス』(2000年)についても、関連した懸念がしめされる。

> 「『ゴジラ×メガギラス　G消滅作戦』(2000)の世界も、ゴジラとの遭遇は1954年の東京上陸から始まる。しかしその後の歴史は、我々の現在とは随分異なる。1954年のゴジラ上陸で東京は壊滅、1955年、日本政府は首都を東京から大阪に移す。1966年、稼働間もない東海村原子力発電所がゴジラに襲われる。日本政府はゴジラをおびき寄せるものとして原子力発電永久放棄を決定し、原子力に代わるクリーンエネルギー開発を目指す。1996年、政府は重水素プラズマ発電を完成、しかしゴジラはこのプラズマエネルギーも狙って大阪に上陸、自衛隊特殊部隊が中之島でゴジラを迎え撃つために出兵する。ここまでの設定が冒頭3分間のナレーションで説明される。

次いで 5 分間をかけて，この作品のモチーフとなる女性兵士の復讐譚の発端となる事件が描かれる。大阪に上陸したゴジラに対して，自衛隊特殊部隊が出兵，この際に一兵士として初めて実戦に参加した辻森桐子がこの作品の主人公となる。彼女はこの戦いで，敬愛する上官であった宮川隊長を失う。宮川は桐子をかばって，ゴジラによって破壊されたビルの下敷きになって戦死した。この物語は大事な人を奪われた者の復讐物語である。

　これまでのゴジラ作品の軍隊にも女性兵士は存在したが，前線で戦うことはなかった。一方，怪獣と戦う女性も登場したが，民間人であった。〔……〕

　軍隊に所属し，戦闘服を着用して前線で怪獣と戦う女性兵士は，この作品で初めて登場する。」

(はやし 2008b: 60)

モスラはもちろん、ゴジラにも日米安保体制のかげがさしているし、日本軍は違憲説などないかのように作品中で応戦し（たしかに敵兵相手ではないので殺人は発生しないが）、それに観客は疑問をいだかなかった。しかも、いわゆる「平成期」以降のゴジラ作品についていえば、日本軍は、いわゆる「ミリオタ」の妄想をみたすかのように「大活躍」するように変貌をとげる。それは、『モスラ』(1961年) 以降、原水爆イメージはどんどん風化していった[8]という社会学者の指摘 (よしい2007) どころではない、深刻な意識変化といえるだろう。それは、今日、改憲論が急速に「常識」化しつつある前史だったのだ。

---

8　核イメージの急速な退潮については、【コラム 5-3：核イメージの風化問題】参照。

## 【コラム 5-1：えがかれた／えがかれなかった自衛軍や米軍の政治的含意】

野真典和(のま・のりかず)らによれば、海外版『モスラ対ゴジラ』(日本版と同様1964年公開)では、自衛隊(日本語版での「特車」という業界用語から推定される)にゴジラ対策用に設置された移動対策本部の本部長が、「米海軍の戦艦に乗り込んで、米軍の最新鋭兵器(当時)のフロンティアミサイルを浜松に向けて〔……〕乱射している」(のまほか2000: 144)とのこと。しかも、「このシーンは以前、海外向けの追加シーンとされていたが、実際はこのシーンは決定台本にも存在しており、脚本中ではロリシカ国の新兵器「誘導弾フロンティア」と紹介されている。」「1990年代半ばにこの海外版と日本版をセットにしたレーザーディスク(LD)が発売され、2008年1月リリースのDVD5枚組ボックス「ゴジラDVDコレクションI」の特典ディスクとしてDVD化された。」(ウィキペディア「モスラ対ゴジラ」)(のむら2004)

野真らによれば、「〔移動対策本部長指揮する＝引用者注〕その作戦も〔……〕住民の避難など二の次で、とにかく攻撃、攻撃である。しかも、避難の誘導を担当するのは警官と住民有志で、自衛官などまったく姿を見せない。おかげで浜風ホテルでは、逃げ遅れた実業家がビルの下敷きになる始末」(のまほか2000: 143)とのこと。日米合同軍による、非戦闘員の犠牲者覚悟という怪獣駆逐作戦である以上、国民の安全第一、専守防衛といった自衛隊の本旨からは完全に逸脱した存在として〈暴走〉している。佐藤らの非難が初期のゴジラにしかあてはまらないことは、モスラ作品と対照しなくても、わかる構図だ。

ちなみに、「ゴジラが名古屋に現れ、名古屋城を破壊し、海へ向かうカットの後に、国連派遣の新鋭艦隊(アメリカ第7艦隊と紹介

する説もあるが誤り）が出動し、浜辺を歩くゴジラに対してミサイル攻撃を行なうシーンがある。海外版の完成フィルムではこのミサイルは、国連大使により「高性能誘導弾フロンティアミサイル」と説明されている。また、ミサイル艦隊後尾で風にはためくアメリカの星条旗がアップになるカットがある」(ウィキペディア「モスラ対ゴジラ」)とある以上、モスラ作品にとどまらず、ゴジラ作品にも、事実上米軍は登場（出撃）しており、単に「在日米軍」ではなかったにすぎない。「ゴジラ」シリーズに不自然に隠蔽された米軍という基本的構図はただしいものの、「ゴジラ映画はその後37年間に18本作られたが、在日米軍は一度も描かれていない」といった断言は、ナンセンスである[9]。それは、ゴジラ作品の大半（特に初期）で、「自衛隊」という名称が一切つかわれていなくても、ゴジラを迎撃する政府組織は、まぎれもない戦後の日本軍をモデルにしていることが映像で（たとえば「特車」といった名称などをみても）確認できるからだ。野真らによれば、「いわゆる昭和ゴジラ映画13本のなかでは「自衛隊」が登場するのは、わずか3本しかない」とのこと (のまほか2000: 138)。「在日米軍」の不自然な隠蔽よりも、「自衛隊」が出動していないかのようにうそぶく不自然さこそ、問題化されるべきだっただろう。それは、自衛隊違憲論が異端的少数意見ともいえなかった時代の政治的産物だったのだろうし、にもかかわらず観客がなにも疑問をもたず日本軍の敢闘ぶりを鑑賞していたという事実とともに。

ちなみに、ウィキペディア「ゴジラ対メカゴジラ」にも「日本が舞台にもかかわらず、怪獣作品で恒例の逃げる人々や兵器車両はお

---

[9] 『東宝特撮映画大全集』（ヴィレッジブックス、2012年、pp.168–171）によれば、『ゴジラ対メカゴジラ』(1974年)の「検討用台本では防衛軍と在日米軍が出動する描写があった」ようだ（ウィキペディア「ゴジラ対メカゴジラ」)。

ろか、自衛隊をはじめ防衛軍や防衛隊の類も一切登場しない。また、在日米軍も一切登場しない」(ふじかわ2004) といった記述がみられる。これは、たしかに「異端」ともいうべき設定だろう (登場する組織は、インターポール)。しかし、端的にいって、沖縄海洋博といった時事的な文脈のもとにある本作で、米軍基地が集中している沖縄島周辺で米軍を出撃させるとなれば、きわめて政治的になる。沖縄戦をふくめた反戦的思潮があるなか自衛隊配備に対する反発もある現地の住民感情もかんがえあわせれば、軍隊を一切登場させなかったのは、「逃避」という側面もある一方、「見識」ともいうべきだろう。SFは虚構なのだから。また、軍隊が出動せずに怪獣同士だけがたたかう構図は『モスラ2 海底の大決戦』(1997年) (後述) でも登場する。石垣島周辺が舞台 (「日本」にとっての「辺境」) であるがゆえに、大都市等を怪獣が破壊しない設定をうみ、政府や在沖米軍等が緊急事態として対応するまえに、危機がさってしまうという構図といえよう。

## 【コラム 5-2：こどもむけB級作品の含意】

10歳未満の児童を主力マーケットとした作品に、誕生以前の軍事的現実とか懸念される紛争などの不安などをリアルにもりこむ制作姿勢は、興行上の論理を度外視しても、それ自体が不自然である。『はだしのゲン』など啓発的な反戦作品などならともかく、エンタテインメントとして、児童むけに制作される作品には、リアルなポリティクスは当然ふせられる。それは、暴力・性・政治などタブーが自主規制をもたらすという一般的な力学の産物だろう。コドモに作品をみせてよろこばせたい、こわがらせたいとねがうオトナたちは、リアルな現実や、過去の惨劇の忠実な再現などは、はじめから想定外としている。偽善的といわれようが、非情な現実に対して免

疫のない児童に、むごいストーリーをあてがう気にはなれず、基本的に「ゆめと感動」を提供したいのである。童話や絵本を制作する個人・集団や、それをよみきかせる親たちと、そういった「こどもおもい」の姿勢は通底している。

その意味では、初代ゴジラのような、圧倒的な破壊神の存在であるとか、「超音波メス」で万物を切断する恐怖の怪獣ギャオス（『大怪獣空中戦ガメラ対ギャオス』1967年）のような存在を児童むけにくりだした当時の映画人たちの意識には、すごみがあったといえよう。

一方、たとえば沖縄戦や米軍支配を意識しつづけた金城哲夫の怪獣観の一端は「もはや子供たちにとって、怪獣は恐ろしい存在ではなく、むしろ英雄であり、強くて大きな仲間なんです」（やまだ1997:157）という金城の企画書の文言からも、金城哲夫や上原正三らの怪獣観は、単純な害獣視でないことはもちろん、のちの「護国聖獣」（『ゴジラ・モスラ・キングギドラ 大怪獣総攻撃』2001年）のような守護神的な位置づけへの変容などのきざしがすでに充分うかがえるであろう。

いや、初代ゴジラの視線から破壊されていく東京の夜景が、コドモやオトナの一部の「視線」ともなりえたように、既存の秩序、巨大な現代文明を圧倒的な破壊力で無秩序化してみたいという破壊願望、疎外された心理など、すねた意識は観客にも共有されていただろう。パニック映画の大半が、「死ぬのはやつらだ」という「災害愛好症（カタストロフィ・コンプレックス）」をかかえているにせよ、抑圧された攻撃性を代償行為として大怪獣が体現してみせるのを、おのれの無力さをつねづね意識させられる（全能感をてばなしつつある）児童にとっては、おおきなよろこびなのだと想像される。前述した「高橋少年」の回顧（pp.47-9）を参照されたい。

ところで長山靖生は、「平成版『ガメラ』は、圧倒的に子どもよりも大人の観客が多かった」例があるなど、「実は子ども以上に大

人たち自身が怪獣好き」と推測している (ながやま2002: 31)。怪獣映画は「むしろ大人騙しなもの」であり、それは「虚構のなかに寓意を読みとろうとする」姿勢を成人たる観客・制作者が共有しているからだとする (同上: 32)。これは基本的に逆説的な正論かもしれない。しかし東宝ほかの日本の怪獣映画が、たとえばジブリ作品のように「成人もカバーする」ような年齢を超越した作品として、つねに制作されたとはいえまい (『モスラ』第1作など文学者が結集した一品ものは例外のはず)。

おなじSF作品でも、大友克洋や押井守の作品など、ターゲットとしてハイティーン以上を想定したものと、特撮怪獣ものを同一視するのは、いきすぎだろう。

## 【コラム5-3：核イメージの風化問題】

林延哉は、「手なずけられる暴力と記号化する武力」という副題とともに、つぎのように総括した。

> "水爆大怪獣"，未曾有の恐怖の象徴として登場したゴジラは，『ゴジラの逆襲』以降『怪獣総進撃』に至るまでの10年余りの間に，「恐怖」から「驚異」へ，そして高度成長期の中で繰り返し人々の前に姿を現す中で，見世物化され，馴致され，ついには管理・飼育され人間によって制御される存在へと変化していった。1963年には日本で初めての原子力発電が成功，1969年には原子力船「むつ」が進水する。ゴジラという暴力は手なずけられ，それはとりもなおさず，ゴジラが象徴していた原水爆，人間の制御を越え自らを滅ぼすことになるかもしれない強大な科学力や武力というものへの恐れや危惧が失われ，それを管理し利用していくことが出来ると信じ始める過程であった。その過程と軌を一にし

て，ゴジラとの戦闘に登場する武力・軍隊の描写もまた，戦争の影を引きずるリアルな姿から，怪獣が現れたからミサイルを撃つという"お約束"を演じるための記号的な存在，記号的な戦闘へと変化していく。年代が下るにつれて戦闘の中心は科学によるものになっていくが，そこでの科学は人類の発展する未来を約束する科学であり，人間自身に刃を向け人間を滅ぼす可能性もある存在であるというような危惧はない。

　日米安全保障条約下で，平和は，獲得し維持していくものから自明のものへと変わり，平和を脅かす，あるいは他国の平和を脅かすことで自国の平和を維持する武力というものが人々の視野から遠のくと同時に，ゴジラ作品の中の軍隊も記号的な存在へと変化していく。代わって戦いの先頭に立つのは，企業人であったり，先端領域の科学者である。怪獣は，人間の背後に控え，いざとなれば人間を助けてくれる強大な武力となり，その支えのもと，人間は未知なるものと戦い，道を切り拓いていく。昭和期後半のゴジラ作品では，ゴジラは尚一層人間の味方となり，人間は尚一層その力に依存していく。」
(はやし 2008a: 44)

つづいて、異星人侵略もの『怪獣総進撃』(1968年) の舞台は20世紀末の"近未来"に設定される。

　「これまで地球上に現れた怪獣も全て小笠原諸島の「怪獣ランド」に集められ，厳重な監視と管理のもとに，科学者による研究が行われている。キラアク星人は怪獣ランドを占拠，リモコン装置で怪獣を操作し地球を攻撃する。」
(同上)

こういった舞台設定なのだから、初代ゴジラのような圧倒的な破壊神イメージとは対照的な位置づけが60年代に定着していたとい

えよう。それは、おそらく日米両軍の自明視（非政治化）が急速に進展していった政治的現実と並行していたとおもわれる。

　戦争の記憶・不安の風化については、ゴジラ論周辺でも再三議論されてきたが、そもそも、こどもむけのB級エンタテインメントに、鋭敏で慎重な歴史意識や政治意識などをもとめるのは、「ないものねだり」のきわみだろう（【コラム5-2：こどもむけB級作品の含意】参照）。

# 6章
# 「南方」幻想／南島イデオロギーと
# そのかたられかた

**本章のあらまし**

長山靖生らが指摘してきたように、日本映画産の怪獣のおおくは、太平洋の赤道付近を出現地帯として日本列島付近に襲来する。あたかも台風の様に接近してくるのである。長山は、それら怪獣の故地が、どこかの領土であるはずなのに、あたかも国名がないかのように、「○○島」といったよばれかたをしてきたことに着目し、それらをふくめて戦前の南進論の延長線上にあると指摘する。要するに、モスラの「インファント島」などをはじめ、「南方」への視線は、戦前の植民地主義的な露骨なものが隠蔽されたものの、つきまとっていると。それは戦前の侵略戦争肯定の内在的動機として「失地回復」イメージがあったり、グアムをはじめとしたリゾート地としての利用など、てまえがってなユートピアが夢想され、しかも原日本人の故地であるかのような幻想がまとわりつく、ノスタルジックかつオリエンタリスティックな視線の客体なのであった。

　これら「南方」幻想にささえられた南島イデオロギーは、怪獣作品に無自覚におりこまれたが、それは琉球列島をそこから除外したり、中国大陸を舞台から排除するなど、奇妙な構図を再生産した。たとえば「沖縄」を除外しつづけたのは在日米軍の集中という政治的現実の隠蔽だった可能性があるが、こうした奇妙な構図に、批評家たちは一部の例外をのぞいてみのがすか、言及をさけたとおもわれる。また、「南島」出身の金城哲夫や上原正三らの存在もあって、ウルトラマンを「異人」と位置づける批評家たちの無自覚な政治性が皮肉にもあぶりだされることになる。

## 6-1
## 「南方から襲来する怪獣」という定番イメージの知的水脈

ゴジラ／モスラなどにかぎらず、怪獣のおおくが日本列島の南方から襲来するという指摘は、再三くりかえされてきた。もちろん、ガメラのように北極海の氷塊にとじこめられていたものが覚醒したという、北方からの襲来のケースもないではないが、長山靖生が「ゴジラは、なぜ「南」から来るのか?」という文章をかいているように、怪獣のおおくが太平洋から日本近海に出現し上陸するばかりでなく、赤道付近から北上するルートをとるケースがめだつ (ながやま2002: 6-30)[1]。おそらく(ゴジラ≒西郷隆盛論など、議論のおおくで賛同しかねるが)、長山のつぎのような指摘は、かなりの程度妥当性があるように感じる。

　「大多数の日本の冒険小説・怪獣映画にあっては、何処とも知れない無国籍的な〈南〉の土地の人びとが、片言の日本語を話す

---

1 『モスラ』第1作のシナリオをかいた関沢新一は、「怪獣が南から来る」とインタビューでこたえている(かつら1996)。小野らが着目しているとおり、関沢にかぎらず、『モスラ』制作陣には、南洋体験をへた人物がおおかった(おの2007: 74-6、いのまた2007: 107-8)。ところで、ゴジラなど怪獣の襲来がB29などの無差別爆撃を想起させるだけでなく、台風も想起させるという議論をすでに紹介した (p.32)。日本に接近し一部上陸して多大な被害をおよぼす台風は、マリアナ諸島周辺(フィリピン諸島と大体同緯度圏)で発生している以上、インファント島(赤道前後で、南半球ともされる)など怪獣の「スタート地点」は、台風の発生地点より「南方」に位置する。しかし、台風の発生地点は、怪獣たちの「スタート地点」よりかなり北方にあるとはいえ、北緯30度以北に位置する日本列島の大半からは、充分「南方」だ。南洋幻想とのからみでいえば、ゴジラやモスラなどは、台風のように「北上」し、「上陸」するのだろう。

不思議な光景が、あたかも当然のごとく書き込まれている。

　それと共に、南洋の島々は、たぶん島民による自治（独立）が保たれているか、いずれかの国の植民地になっているかだと思うのだが、冒険譚のなかで「島」が語られるとき、それは「〇〇島」という島名で登場し、国名が語られないという図式が、無意識に踏襲されている。東宝怪獣映画では、事件が起きると、科学者やジャーナリストが「〇〇島へ行く」といって出かけて行く。なぜか〇〇国ではないのである。

　これは、南洋の島々に対する日本人の思い入れが、国境という発想の限定の外にあるユートピアを夢見る眼差しであることを、はしなくも語っている。それと同時に、その夢見る眼差しが近代人の欲望に満ちた飢えた野獣のそれであることもまた、露呈させているといえるかもしれない。」
(ながやま 2002: 15)

長山はこのあと、政治小説家の末広鉄腸（すえひろ・てっちょー）(1849-96) や新聞小説家の須藤南翠（すどー・なんすい）(1857-1920)、ジャーナリスト矢野龍渓（やの・りゅーけー）(1851-1931) などの冒険小説が太平洋各地への領土的野心（南進論）をイメージさせるものであるだけでなく、「南国」が「日本人にとって理想郷を見出さんとする憧れの眼差しの対象であった」とする (同上: 16-7)。長山のつぎの指摘も重要だ。

「明治以来の日本人が抱く南洋への夢は常にこの両者の間を揺れてきた、というよりも、その双方が矛盾すると意識されないまま、同時に抱かれていたといえる。」
(同上: 17)

「だからこそ、明治期の冒険小説においては、「無人島に日章旗を」という形で南洋への「進出」（侵略でなく）が語られていたのだし、実在の冒険家・鈴木経勲（すずき・つねのり）が行なった南洋探検も、無人島探しと貿易ルートの開拓（現在の人びととの共生）の夢に終始した

のだった。

　こうした〔……〕牧歌的な眼差しが、突然血走った欲望のそれへと変わるのは、第一次世界大戦の前後からであっただろう。戦後、旧ドイツ領ミクロネシアの信託統治権を得た日本は、南洋庁を設立し、南洋の統治に真剣に乗り出していったのだ。おそらく、そうした南方ユートピア、北方新天地への、欺瞞に満ちた賛歌、たとえば「伸ばせ御国の生命線」(『太平洋行進曲』)や、「狭い日本にゃ住み飽きた」(『馬賊の唄』)〔……〕」　(ながやま2002: 18)

長山は「民芸」を提唱した柳宗悦（やなぎ・むねよし）(1889-1961) の動向が、ピカソがアフリカに「プリミティブ・アート」を発見した時期に一致することを指摘するとともに、かれらの姿勢は「行き詰った近代主義の沈没を予感した鋭敏な船鼠が、脱出口を探る営みであった」かもしれないとする (同上: 18-9)。そして、柳が李氏朝鮮や南洋諸島などの民芸に、日本の民芸との共通性・交流性をみいだしている点が、「日本人の民族的源流のひとつを南方に求めるその行為のうちに、無意識の拡張主義が刻まれてしまっている」と指摘する (同上: 19)。パラオに長期定住した土方久功（ひじかた・ひさかつ）(1900-77) や柳らの善意はうたがえないにしても、それは帝国主義に吸収されていったと[2]。

　「そんな彼らの美意識までもが、神話的に語られる原日本人＝

---

[2] なお、長山は、「日本人を「アジアの盟主」とする一種の人種主義的優越感に裏打ちされた」意識は、「南方であれ大陸であれ、当時の日本人が彼の地に抱いていたイメージと実態のギャップは大きかった」とし、現地人と日本人兵卒の生活水準は裕福だったとはいえず、文化的に高水準だったわけでもなく、そこに生じた日本人への親近感とは、「日本人の「貧しさ」」だった指摘する (ながやま 2002: 132)。「南進論」をささえていた幻想性がよくわかる。

原アジア・南洋人説に取り込まれ、やがて架空の「失地回復」の要求になって、日本の侵略戦争を肯定する素地に飲み込まれていったのであった。これは戦後の第三世界運動や最近のエコロジーの流れのなかにも引き継がれている心性である。たとえば日本列島をさしてヤポネシアと呼ぶ感性には、八紘一宇の歴史的・地誌的正当性の文脈につながりかねない危うさがあった。」

(同上: 19-20)[3]

## 6-2
## 「南洋」からはずされる「琉球列島」

　長山も着目する、モスラの生息した「インファント島」が「南洋幻想」の典型例であることはいうまでもない。そして、長山らの着眼＝南洋／南方幻想論は、小野俊太郎の『モスラの精神史』で、第4章「インファント島と南方幻想」として詳細な分析へとひきつがれたし、第7章「『モスラ』とインドネシア」という展開にまで到達する。ここでは、長山が（無意識にか）視野からはずした、「南方」の一部としての琉球列島について、小野の議論をとりあげよう。

　『モスラ』の原案の段階で、「怪獣に対する原住民の対し方（例えば著名な沖縄、奄美大島等のノロ神の如く原始宗教的なものはどうかという案あり）」という記載がみられるという。それは「小美人が「モスラの巫女」だとする設定」が、原作にあった「小美人＝発

---

[3] ちなみに、「ヤポネシア」論を提唱したのは柳らではなく、作家・島尾敏雄 (1917-86) であった。また、こういった、いわゆる「南洋幻想」「南島イデオロギー」に言及するなら、村井紀『南島イデオロギーの発生』(福武書店, 1992) はともかく、矢野暢『日本の南洋史観』(中央公論社, 1979) へのめくばりがないのは不自然だ。

光妖精」という設定にまぎれこんだことになる (おの2007: 91)。古代イメージを地理的な辺境に投影する心理・論理は、典型的なオリエンタリズムといえる。

　小野は、「南の島々と日本とがどこか二重になる」「遠因」として、南洋群島やハワイに沖縄出身者がたくさんいた事実に着目する。「「南」といっても、意識のうえでは内側にある南、しかも幾重にも日本が抱えるイメージが絡み合ってインファント島はできあがっている」(同上: 92) という指摘は重要だ。

　しかし、小野もみのがしている、いや、おそらく無自覚に視野からはずしている問題がある。それは、「「南」といっても、意識のうえでは内側にある南、しかも幾重にも日本が抱えるイメージが絡み合って」「できあがっている」のは、幻想上・虚構上の「インファント島」でなどなく、まずは琉球列島だという現実であり、しかも、それは南洋の委任統治領と通底する植民地だったという経緯である。第一次世界大戦での戦勝によってドイツからうばった委任統治領と、軍隊と警官隊をおくりこんで王族を排除して王国を廃滅した「琉球処分」(=「沖縄県設置」1879年) とが無縁だというのは、ヤマト人の幻想の産物でしかない。

　このようにみてくると、すくなくとも長山が視野からはずしている「南の島々」には、具体的には薩摩藩による島津侵攻 (1609年) 以来、一貫して植民地として位置づけられてきた奄美諸島以南の琉球列島がふくまれる。長山が滔々と思想史的含意をかたる「南の島々」からはずされた政治性とは、沖縄戦 (1945年) から施政権返還 (1972年) をへて「現在完了 (進行) 形」として、日米両国民のまえにある政治経済的・文化的な現実といいかえることができる。琉球列島は、太平洋のアメリカ領であるハワイ (州) やグアム (準州) などと同様、本土住民の慰安のために供されるリゾート地と、「(事実上、本土の) 安全保障」をうたう軍事基地とが長期にわ

たって維持される「島嶼」なのである。

アメリカ文学専攻の高尾直知(たかお・なおとも)は、つぎのようにのべていた。

> 「佐藤良明氏は『郷愁としての昭和』の中で日本をめぐる東西南北のイメージを明快に分析していた。曰く、東（アジア）と西（欧米）の帝国主義的関係に引き裂かれた日本は南を犯すことで自己分裂に決着を計ろうとして失敗した。そして60年代、気が付くと「ズボンを緩められるふるさととしての〈南〉は、僕ら自身の〈悪事〉[＝侵略戦争]の結果、もはや地理的には存在しなくなっていた」…。しかし、この議論に付け加えるなら、モスラの生まれるインファント島や「怪獣無法地帯」となるタタラ島（『ウルトラマン』第8話）、そしてその反復としての南太平洋「ジョンスン島」（第26・27話「怪獣殿下」）は、南島性を過剰なまでに画面に押し出すことで、単にそのような「南のふるさと」を象徴するユートピアではなく、現実の沖縄群島を消去し押しつぶす形で存在していることを指摘しなければならないだろう。「古代怪獣」ゴモラは、日本の「古代」を求めて沖縄に向かった60年代日本の視線を、ユートピアとしての南島に逸らすことで、沖縄の現実を素通りすることを求めて叫ぶ（しかもゴモラは1970年の万国博覧会――国際的な差別消去のメカニズム――に展示されるために大阪に運ばれる）。1972年まで達成されなかった本土復帰を叫んで沖縄が激しい運動を続けた60年代、日本の怪獣たちは単に都市や港湾を破壊しつづけたのではなく、見えざる辺境としての沖縄さえもその足下に蹂躙していたのだ。しかも問題は「南」が沖縄を押し殺している、というだけではない。そもそも南（沖縄）を「ふるさと」ととらえるイデオロギー自体、すでに日本帝国主義の発展の中で生み出されてきたものだ。[……]村井紀氏の研究によれば「山人」の研究を天皇制との関わりで突如

中断していた柳田〔国男，1875－1962＝引用者注〕が晩年『海上の道』（1961）にいたる南島研究を始めるきっかけとなったのも、実は韓国併合など日本の植民地政策の失敗だったという。日本政府の方針策定の中枢におり、スムーズな植民地化のために過去の日本流民族掃討（エスニック・クレンジング）に目を向けた柳田にとって"南島イデオロギー"は、ほぼ「北」を、つまり「北海道」と「韓国」（柳田でいえばアイヌ民族問題と「日韓併合」問題）とを排除し、消去することで成り立って」いる（村井、25）。つまり南島としての沖縄・沖縄としての南島に「ふるさと」を見いだすことは、日本が江戸時代から幾度となく琉球を「処分」してきた歴史を押し隠すこととなり、これは同時に例えば日本語国語化政策（アイヌ・韓国・沖縄において、それぞれの土地の言語は日本本土の言語に圧殺されていった）などの植民地政策と通じて、結局明治以来の侵略行為の事実の隠蔽につながってしまう。柳田の「南島」が、アイヌや韓国そして「山人」としての被差別市民をも抑圧する「ふるさと」として作用していることを考えれば、『ウルトラ』シリーズの怪獣たちの生まれ出るふるさととは、まさにそうした日本の見えざる国家的無意識構造であるといえる。」

(たかお 1999: 185-6)

## 6-3
### 被差別者を母体とした特撮怪獣作品の重層的政治性

「ウルトラ」シリーズが、沖縄出身である金城哲夫や上原正三という制作陣ぬきには成立しえなかったことに着目する高尾の、この「南島イデオロギー」論は、深刻な問題を提起している。なぜなら、高尾が着目したとおり、金城哲夫は、玉川学園高等部時代に、恩師の上原輝男（うえはら・てるお）（1927－96，丹波篠山（たんば・ささやま）出身）から柳田国男（やなぎだ・くにお）や折口信夫（おりくち・しのぶ）な

どの民俗学について学説の紹介をうけていたからだ (たかお 1999: 185, やまだ 1997: 33-6)。高尾が着目した『ウルトラマン』第8話「怪獣無法地帯」、第26・27話「怪獣殿下」いずれも金城哲夫が脚本を担当し、前者では上原正三との共作だったという点は無視できない。たとえば折口の「まれびと」概念をまなんだ金城は、怪獣のみならず、「タタラ島（多々良島は、琉球列島ではないが、五島列島内に実在）」、「ジョンスン島（北太平洋のジョンストン島がモデル）」などに、自分たち自身・出身地をかさねあわせていただろうから[4]。「南島としての沖縄・沖縄としての南島に「ふるさと」を見いだすことは、日本が江戸時代から幾度となく琉球を「処分」してきた歴史を押し隠すこととなり、これは同時に例えば日本語国語化政策（アイヌ・韓

---

[4] 大野隆之は、その金城哲夫論で、「南」としての「沖縄」について、ふれている。

「〔……〕「南海の怒り」に表現される「コンパス」島も基本的には長山が数多く挙げている南方オリエンタリズムの表象をでるものではないのだが、ここに大きな問題がある。なぜなら山之口貘の代表作「会話」や、柳宗悦の民芸運動に見るように、しばしば沖縄は「南」方の範疇にあり、金城哲夫自身がウチナーンチュであるということである。すなわち金城はオリエンタリズムのまなざしを受ける立場でありながら、「南」を描いたということになるのである。

この作品において金城は、島民の名称として、かつての沖縄の男子の幼名として非常に一般的であった、タラー（太郎）、ジラー（次郎）を用いている。これは、金城哲夫の円谷シナリオにおいては、現在わかっている範囲では、最初のウチナーグチの使用である。金城は一見すると冒険あり、恋愛ありの痛快娯楽劇としか見えない「海海の怒り」において、当時としては（上原以外）誰も気づかないようなひっそりとした形で、「コンパス」島と沖縄を重ね合わせていたのである。

「コンパス島」が典型的な南方オリエンタリズムの表象として描かれていること、そしてそこに沖縄が重ね合わせられている〔……〕」(おおの 2004: 39)

国・沖縄において、それぞれの土地の言語は日本本土の言語に圧殺されていった）などの植民地政策と通じて、結局明治以来の侵略行為の事実の隠蔽につながってしまう」という指摘は的確だろう。そうでなければ、独立論や継承語運動などが、これほど浮上するはずもない。

　しかし、高尾の議論は、これにとどまらない。

　　「日本的怪獣の発生を考察するときに、ウルトラマン自身の起源を考慮に入れる必要がある。「まれびと」としてのウルトラマンを語ること〔……〕は、単に遠来の祝福の神としてのみならず、征服者・支配者としての彼の姿を念頭に置いてはじめて成立する。もし『ウルトラ』シリーズの怪獣たちを「山人」ら被差別民たちが国家的物語へ参入を許された姿だと措定すれば、それを徹底して抑圧して国土から排除してしまうウルトラマンは、単に祝福を与える神ではなく、むしろ国家の差別的構造の表出を抑圧する装置として働いていると考えなければならなくなる。ウルトラマン本来の職務は第一話が示すように宇宙警備隊員であり、その意味で実は一種の警察権力である科学特捜隊そのものの働きの延長にある存在だった。その点を日本的差別の歴史から照射してみれば、例えば被差別部落が、国家を揺るがしかねない反体制勢力（キリシタン、一向宗、自治都市勢力）などからの脱落者を、逆にそのような勢力に対する警察行刑役に使ったものから始まったという事実が思い起こされよう。〔……〕多くの異人たちと同様、詰まるところ異星人であるウルトラマンは、彼自身日本の差別構造の中で、被差別階級に属するものとして起源を求められねばならないのだ。ちょうどかわた階級が死牛馬の処分を引き受けてきたように、ウルトラマンも日本国土の穢悪（あいあく）とでもいうべき（死）怪獣の処分を背負わされた存在だ。

〔……〕日本を侵すものと守るものは実は同じ起源を持っている。アメリカ的なフロンティアの場が生み出す怪異たちは、国家の「前進」を滑らかにする潤滑油として踏みつぶされ同化されるべく想起されていたのに対し、日本的怪獣たちはむしろ現に国家が抱える（天皇制に始まる）根本的差別の状況を、高度成長期に日本が犯（ママ）した自然に対する罪の反動という形で「自然化」する際に生まれてくるものだった。ウルトラマンも含めた異星人たちは、ちょうど日米安保体制における沖縄のように、日本でありながら日本ではない空間を生み出し、国土を守るものと犯（ママ）すものに同一化したトポスを現出している。本土としての日本国家は常にこのような「南島＝沖縄」という被差別階級の原場面を使役しながら、自らの差別的制度を守りつづけているのだ。ウルトラマンとハヤタが一つの命を分けあい共生しているように、日本的差別は「人外の人」を生み出すことで、護持されるのだ。」(たかお 1999: 187-8)

すでに、諫山陽太郎が「外来の、ありがたいお経という〈ことば〉によって退散させられてしまう、〈あわれ〉で寡黙な土着の神々が断末魔にのろい、たたったように、怪獣たちは、「科学特捜隊」の前で、もがき、あらがう。しかし、その抵抗も空しく、最後は、太陽〈神〉である大日如来（東大寺の大仏）のようなウルトラマンに退治されてしまう。」『ウルトラマン』は、仏教やキリスト教やイスラム教などのグローバルな〈神〉が土着の神々を駆逐していく過程を正確になぞっており、画面や物語からただよう土俗的な雰囲気は、滅ぼされていく土着の神々の〈あわれ〉から立ち上ってくるものである」(いさやま 2006: 64) と指摘したことを紹介した。たしかに人類の独善的「自衛」意識を正当化している特撮「パニック映画」の論理を、「ウルトラ」シリーズも巨視的には結局のりこえていないだろう（キャラクター商品をうるための商業主義etc.）。しかし、

同時に金城が「怪獣が暴れるには、それなりの理由があるはずだ」とかんがえ「人間が一方的に怪獣を悪者にしてやっつけることを許さなかった」とか、ウルトラマンの奮闘も怪獣を「仕方なく懲らしめる」だけであり、ウルトラマンを「怪獣の殺し屋ではない」と位置づけていたことも、あわせて紹介した（うえはら1999: 161）。

高尾／諫山らに賛同しかねる理由をくりかえすなら、①金城や上原が、商業主義への敗北か、自分たちの被害妄想的な暴力性ゆえにか、正邪二元論的なヒーローものを制作しつづけた、とか、②両名が、「まつろわぬ民」が「〈あわれ〉で寡黙な土着の神々」として退治されてしまう悲劇をえがきつづけるという、かなりグロテスクで、いたいたしい解釈を介在させないといけなくなるからだ。これまた、前述した議論をくりかえすなら、「様々な事情により、止むを得ず人間社会を破壊する羽目に陥った怪獣たちを、遠い星から来た流れ者のような（それゆえ「神」にも近い）ウルトラマンがしばしば手加減しなからも倒してこそ、ウルトラ・シリーズは辛うじて安易な勧善懲悪ドラマから脱することができた」との粂川万里生の解釈の方が事実をとらえているとおもう（くめかわ2012: 111）。

たしかに、ウルトラマンという「異人」をつごうよく用心棒あつかいする設定がある。ウルトラマンが「異人」として被差別性をおびているという指摘は、そのとおりだろう。そして、薩摩藩以来の植民地主義の指摘は的確におもわれるが、高尾は肝心なところで、みずからの図式によっぱらってしまっているようにみえる。たとえば、親米保守勢力やそれを支持する有権者たちは、アメリカを用心棒あつかいしているはずだが、かれらにとって、在日米軍こそウルトラマン的な友好的「異人」ではないのか？ そもそも、沖縄はヒーローあつかいをうけたことが近年までなかった。ウルトラマンが貴賤の両義性をおびている＝「ウルトラマンも日本国土の穢悪とでもいうべき（死）怪獣の処分を背負わされた存在だ」＝といった民俗

学的な解釈は、一見もっともらしいが、たとえば沖縄戦までの沖縄島は、大本営にとって本土決戦のための防波堤ないし時間かせぎという、「すていし」だったことは、すでに確認されてきた。沖縄守備隊の高官が「沖縄県民斯ク戦ヘリ　県民ニ対シ後世特別ノ御高配ヲ賜ランコトヲ」と最後の打電をうったことは有名だが、沖縄戦後の沖縄島周辺が、犠牲にまったくむくいられなかったことは、周知の事実だろう。昭和天皇が「天皇メッセージ」(【コラム4-1】参照)を米国政府に発した事実（1947年）は、その政治的影響力はともかく、日本の支配層の琉球列島の位置づけを端的に象徴していることは、いうまでもない。「ウルトラマンも日本国土の穢悪とでもいうべき（死）怪獣の処分を背負わされた存在だ」というなら、「鬼畜」たる米軍をひきよせては玉砕的戦略で帝国日本に殉ずる宿命だったとでも総括するのか？

　さらに、「国土を守るものと犯すものに同一化したトポス」などと高尾はシャレたつもりなのだろうが、天皇の軍隊がなくなり、米軍があらたな「守護神」となった戦後における日琉米の三者関係をどう意味づけているのだろうか。米軍は、ウルトラマンのような悲劇のヒーローどころか[5]、女性をまもってやるといいつつ、その実女性にたかる暴力団のようにみえる。日本軍（内閣・防衛省）も同質であって、日本は「バイセクシャルのヒモ、かつヤクザに従属したチンピラ」といった下卑たたとえの方がふさわしいか？　国土をまもるどころか、帝国主義をくりかえした米軍と、その後方支援空間だった沖縄島周辺は、いずれもウルトラマンになぞらえることがナンセンスな存在だろう。

---

[5]　冷戦期の朝鮮戦争であろうがベトナム戦争であろうが、それが日本列島の安全保障目的だったはずがないことは、明白だ。

もちろん、表現者自身が「異人」としての「沖縄人」という意識をもっていただろう、金城らのえがいた「異人」という、再帰的・重層的な「境界」性についても、高尾の図式はあいまいさをかかえている[6]。

## 6-4
## オリエンタリスティックな「スパイス」としての恣意的援用

　それはともかく、ポリネシア文化やミクロネシア文化が「南島(なんとー)」イメージを構築するための「スパイス」として恣意的に援用される

---

[6] ちなみに、「沖縄返還20周年」を意識したはずの企画、山田輝子『ウルトラマン昇天ーM78星雲は沖縄の彼方ー』(朝日新聞社, 1992年)の文庫化が『ウルトラマンを創った男　金城哲夫の生涯』(1997年)だ。いわゆる「こしおび」を体系的にしらべてはいないが、てもとの「朝日文庫新刊」の、おびコピーは、「ぼくらのヒーローはどこからやってきたのか」であった。
　「ぼくらのヒーロー」が直接的にウルトラマンおよびウルトラセブンをさしていることはもちろんだ。しかし同時に、「どこからやってきたのか」という述部付近の暗示する主部が、金城哲夫も含意していることは、あきらかだろう。そして、「どこからやってきたのか」が、本来的には「M78星雲」などであるのに対して、金城ら円谷英二周辺の制作陣のみならず、金城の故郷・沖縄も含意しているはずだ。「ウルトラマン」という、「ゴジラ」に準ずる巨大なプレゼント（ロングセラーという意味では、少年たちにあたえた影響は、ゴジラ以上かもしれない）をもたらした天才金城は、沖縄から続々来日するタレントたち同様、「どこからやってきたのか」自体が、興味の対象となるような「異人」だった。悪意などないだろうが、金城の玉川学園での先輩だった山田輝子しかり、「金城本」をプロデュースした朝日新聞をはじめとした何人ものヤマトゥンチュ（日本人）には、あきらかに「異人」視と、無自覚な搾取があったとかんがえてよかろう。それは、たとえば上原正三による「金城本」とは異質とおもわれる（うえはら1999）。

のと同様に、琉球列島の諸文化も、オリエンタリスティックにつまみぐいされることが、ある種必然であることがわかるであろう。それは、文学研究者の花田俊典が、著名なヤマトゥンチュ作家である吉本隆明、島尾敏雄、谷川健一、池澤夏樹らの無自覚なオリエンタリズムにいらだった[7]ように、ヤマトゥンチュがごつごう主義的に、つまみぐいする悪習、いや無自覚な病理がみてとれる（はなだ2006）。

たとえば、「ゴジラ」シリーズに登場した「キングシーサー」（『ゴジラ対メカゴジラ』1974年、『ゴジラ FINAL WARS』2004年）はもちろん、「ゴジラ誕生20周年記念映画」と位置づけられた『ゴジラ対メカゴジラ』(1974年) が沖縄海洋博会場建設など沖縄島を舞台とした設定も、以上のような文脈を無視できまい（金城はもちろん、上原もかかわっていない）。

さらには、『モスラ2　海底の大決戦』(1997年) が石垣島・竹富島を舞台とし、「竹富町長が「モスラの故郷インファント島は西表」とする宣言」[8]をするなど、映画資本が観光誘致をもくろむ

---

7　吉本隆明は、詳細はひかえるが、「異族」の可能性を称揚しつつ所詮は「けっきょく得をするのは「本土」だけではないのか」（はなだ 2006: 84）と皮肉られるような特権意識をもちつづけたし、「なるほど吉本隆明の南島論でも「在日米軍の存在は全く無視されている」」といった批判をあびた（同上：87）。琉球列島にふかいかかわりをもちつづけた島尾敏雄は、柳田国男などが幻視していた古代の投影を南島におこなうことをさけていたのに、みずからがまきおこした「ヤポネシア論」ブームにのみこまれるかたちで「深層の日本」といったイメージをかたるように変質してしまった（同上：250-2）。谷川健一のばあいは、島尾のような慎重さがそもそもなかった（同上：254-71）。池澤夏樹にいたっては、「お互いが他人の資質をそのまま受け入れる、あえて言えば前近代的な沖縄の温かい社会だから成立した話だった」などと、沖縄文学のひとつを本質主義的にきめつけるありさまだった（同上：12-4）。

8　「映画「モスラ2」撮影始まる」（『琉球新報』1997年6月28日）

地元政界・経済界をキャンペーンのなかにくみこむかたちで、制作がなされた経緯なども無視できない[9]。

このように、「南洋」の「北限」にして「媒介項」としての琉球列島を位置づけたうえで、いま一度、特撮怪獣映画にみられる「南洋」幻想を再検討すると、20世紀以降の近代日本人[10]がいだいた地政学的感覚には、めまいをひきおこさせるものがある。たとえば猪俣賢司(いの また・けんじ)「南洋群島とインファント島—帝国日本の南洋航空路とモスラの映像詩学—」は、「南洋」幻想につぎのように歴史的解析をくだしている。少々ながいが重要な箇所を引用する。

---

http://ryukyushimpo.jp/news/storyid-91671-storytopic-86.html

9  いわずもがなではあるが、「ゴジラ誕生20周年記念映画」と位置づけられた『ゴジラ対メカゴジラ』(1974年)が沖縄海洋博会場建設現場周辺からはじまる設定は、あきらかに実際に翌年開催される沖縄海洋博覧会をあてにした構成であった。当然じもとでは、現地ロケには海洋博をふくめた沖縄観光のキャンペーンをはたす効果が期待されていたはずである。琉球版狛犬というべき、シーサー(守り神の獅子)の化身として巨大化し沖縄防衛をになおうとするキングシーサーも、琉球王国の伝統をアピールするものとして位置づけられていただろう。

　これらは、近年ごく一般化した、NHKの連続テレビ小説や大河ドラマなどはもとより、さまざまなテレビドラマやアニメーション作品の舞台を「巡礼」する観光客への現地の期待と、それをおりこんだ映画会社やテレビ局のマーケティングの「共犯関係」のさきがけといってよい。マーケッターたち業界人なら、win-win関係というだろうが、ことオリエンタリズムの対象となりがちな琉球列島や東北各地などのばあい、その政治性＝差別性が無視できない以上、単純な擁護もしかねる。

10 もちろん、ベネディクト・アンダーソンほかの議論によるなら、近代以前に現在のような「日本人」という一体感をもった実体など存在しなかった(アンダーソン 2007, ましこ 2002, ましこ 2003)。

「〔……〕インファント島を始めとして、ゴジラ映画に頻出する南洋の架空の島々は、『赤道越えて』〔1936年円谷英二監督作品、太秦発声映画＝横浜シネマ商会＝引用者注〕にその原風景の一つがあった。『モスラ』に見られる、横一直線に引かれた水平線を一つの舞台に見立て、その上に浮かぶインファント島全景の島影は、『赤道越えて』に於いて、艦上から見た南洋群島の遠景に近い。また、インファント島原住民のイメージも、例えば、ニュージーランドで円谷が撮影したマオリ族とよく似ており、とりわけ、日本との間に感じられるインファント島の親近性は、「南から北に渡った人々、北から南に渡った人々」こそが、まさに、それぞれ今の日本人とマオリ族なのだという『赤道越えて』に示された考え方の延長線上にあることが分かる。インファント島は、もう一つの日本の姿でもあるのだが、被爆した島であるということのみならず、大東亜の他の民族に対して言われていた「同胞」という位置付け以上のものをマオリ族に対して抱いていたことなどもその背景になっているのである。」　　　　　　　　　(いのまた2007: 96-7)

「マレー語古語として歌われたこれまでの「モスラの歌」や「マハラ・モスラ」と違って、これは、初めて、日本語で歌われるインファント島の歌である。小美人も、来場した観衆の目に晒されてはいるのだが、『モスラ』の時とは様相を異にし、消費されるかのような対象ではないことが、『三大怪獣　地球最大の決戦』の持つ優しさでもある。この歌の中で、どうして、インファント島が(日本語で)「なつかしい島」として、日本人に共有されているのであろうか。あるいは、「なつかしい島」として定位されているインファント島とは、何なのだろうか。その答えは、やはり、「カロリン群島」に秘められた、現実の戦前の南洋群島と、戦前及び戦後の南洋幻想との挟間(はざま)にある。また、日本の国土・秋津島へのなつかしさ、つまり、外邦へ出征した日本人兵士の抱いたであろう

本土への憧憬(しょーけー)とも関係がある。

　インファント島が、なつかしさの対象になり得るのは、それが、まさに、「日本」を想起させるからに他ならない。もう一つの日本、あるいは、過去または未来に、そうであった、または、そうなったかも知れない日本の姿が現われている、と言ってもよい。「日本」を想起するということは、一種の望郷の念であり、羇旅歌(きりょか)でもあり、外地へ出た日本人、とりわけ、南洋の南方戦線へ出た日本軍兵士たちの思いであろうことは、「なつかしい島」という日本語表現の、差し当たっては、論理的帰結であり、証明するまでもないことである。また、日本が被爆国であることから、インファント島には、そうなったかも知れないもう一つの「日本」の姿がそこにあるとも言える。インファント島は、帝国日本の歴史的現実と、末路の幻影が交錯したものなのである。

　インファント島が「南洋幻想」を形作っている最も大きな要素は、戦前、日本の委任統治領内であるカロリン群島のどこかの島、あるいは島々、に対する現実の視覚的体験が嘗て実際にあって、そういう事実が映像化され、戦前から継承された帝国の残映となり、その表層に、戦後、高度経済成長期の日本に流行した南国ブームが重なっていることにある。そして、インファント島がもう一つの日本であるというのは、インファント島は、紛れもなく、本土に向かう引揚船から最初に眼にするであろう日本の富士山の代わりでもあるということであり、広重や北斎の絵、あるいは、江戸時代の名所図会に見られるような富士山の意匠が想起されるとまでは言わずとも、太平洋に位置する同じ火山島であるという、志賀重昂(しが・しげたか)の『日本風景論』に見られる地理学的視点から考えてみても、当然のことでもある。つまり、インファント島の持つ映像詩学の意味は、「南洋幻想」（異郷憧憬(いきょーしょーけー)）として、歴史的事実としての戦前の南洋群島、及び、戦後の南国ブームの両側面か

ら捉えられると同時に、「故国憧憬」としての意味を、シフトされた富士山（火山島）の意匠、及び、出征日本軍兵士の望郷の念として重ねなければならず、更には、「幻影の日本」として、文明化（あるいは、アメリカ化）される前の原初の日本、及び、再建できなかったかも知れない被爆国日本の姿をそこに映し出してみなければならないのである。」 （いのまた2007: 103-4）

こういった、みがってな幻想を投影されても現地住民はとまどうばかりだろう。せいぜい、経済線地域のオリエンタリストたちが、「いやし」「ノスタルジア」をもとめてリゾート地のリピーターとして上得意になってくれることによる経済的価値がありがたい程度か。

> 「既にして富士ははるかに遠ざかり機は一文字南の島
>
> もう二度と故国へは戻ることはないであろう、「南の島」（硫黄島）へとまっしぐらに飛んでゆく。「既にして」というのは、既に覚悟は決まっており、すべて「富士」に託した、とも読めるが如何か。
>
> 市丸〔市丸利之助海軍少将、1891－1945＝引用者注〕の歌からは、この様に、航空機（一式陸攻、あるいは、飛行艇）で、南洋（「南溟」「南の島」）を往き来していた状況や、航空機から見下ろした南洋の島の、恐らくは目を見張るばかりの火口の光景についても窺い知ることができる。この市丸の視野には、必ず、「富士」があったということであり、富士山は、国を守る尊い存在であったのだ。太平洋の北と南に浮かぶ日本とインファント島は、一種の相似形を描いているのであり、戦前、日本人とニュージーランドのマオリ族が、共に海を北と南に別れて移動した民族だと考えられていたことが思い合わされる。だから、太平洋の島々と日本列島との美しい共栄の思想が構想されたのだが、現在に至る

まで，米国による大陸間弾道ミサイルの着弾実験場にされている島もある。

　南方の前線に赴いている日本軍兵士の思いは，如何ほどのものであったのだろうか。生きて本土に帰っても，自分の愛する人たちが，米軍に殺されているかも知れないという恐怖もあったであろう。イーストウッド監督の『硫黄島からの手紙』(2006年) には，違和感が残る。南洋の「インファント島」と，日本本土との間には，米英人には理解もしようのない，分かち難く結び付いた，しかし，尋常には往来がかなわぬ関係にあったのである。それは，母国に帰れないからだけではなく，母国が消滅しているかも知れないという恐怖もあったからだ。帰るべき母国がない。ゴジラ映画では，『ゴジラ・エビラ・モスラ　南海の大決闘』に見られるように，消滅する島が描かれている。このレッチ島は，「赤イ竹」という秘密組織が開発した核兵器の意図的な暴発によって，消滅させられる。『ゴジラvsデストロイア』(1995年) のバース島は，人為ではないが，天然ウランの核分裂反応によって消滅する。インファント島も，島の4分の3がロリシカ共和国の核実験によって吹き飛んだのだが，ゴジラ映画には，核によって，島が消滅するという主題がある。広島・長崎の原爆投下や，東京大空襲の歴史的事実が，ここに反映されているのであり，帰る故国が失われる，という戦時下には確かにあったであろう恐怖が描かれているのである。『ローレライ』(2005年，東宝) が，米国による3発目の原爆投下を阻止するために出撃する伊507を描いたのも，『海底軍艦』(1963年，東宝) で，失われた大陸ムウ帝国が描かれているのも，同じ系譜に属するものであり，『日本沈没』(1973年，東宝) もその延長だが，祖国喪失の想像的無念がそこにはある。」

(いのまた 2007: 112-3)

戦間期(ふたつの世界大戦にはさまれた時期)までに構築されただろう、ナショナリズムないし「大東亜共栄圏構想」イデオロギーと癒着した南洋幻想[11]の気色わるいオリエンタリズムがみてとれる。以下、かなりながいが、おなじく猪俣の議論を転載する。

> しかし、同時に、ゴジラ映画では、米国への怨念だけが語られている訳では勿論ない。わくわくするような、インファント島に対する現代日本の冒険的好奇心は、インファント島調査団の船舶のシーンにも表れているし、『モスラ対ゴジラ』で、飛行艇UF-2でインファント島に赴くのも、戦前の九七式大型飛行艇の再現

---

[11] 「**大東亜共栄圏**(だいとうあきょうえいけん、Greater East Asia Co-Prosperity Sphere)は、欧米諸国(特に大英帝国・アメリカ合衆国)の植民地支配から東アジア・東南アジアを解放し、東アジア・東南アジアに日本を盟主とする共存共栄の新たな国際秩序を建設しようという、第二次世界大戦における日本の構想である」(ウィキペディア「大東亜共栄圏」)という定義は、基本的に妥当だとおもわれる。しかし、帝国海軍が原油など資源確保のために米英オランダなどと戦争状態へと暴走していった範囲は、「東南アジア」などアジア地域にはとどまらない。端的にいえば、第一次世界大戦でドイツからせしめた北太平洋の島嶼群をふくめた環太平洋的地政学構想が背景にあった。要するに、アメリカはもとより、英国・フランス・オランダなど帝国列強の太平洋地域全域からの放逐が戦略構想にあったとかんがえられる。たとえば、「4. 大東亜共栄圏構想」(読谷バーチャル平和資料館, http://heiwa.yomitan.jp/4/3244.html)などには、具体的な戦略構想として、オーストラリア・ニュージーランドまでも「共栄圏」にふくめた勢力イメージがしめされている(http://heiwa.yomitan.jp/4/3253.html)。

もちろん、大東亜共栄圏構想は帝国資源の自給自足が可能なブロック経済構想でしかなく、「東アジア(漢字文化圏)」の肥大化イデオロギーなのだが、「シマづたい」に延々と私物化意識が膨張していったプロセスには、南洋との主観的「親近感」が不可欠だったとかんがえられる。

であり，南洋に対する憧憬・幻想の表現でもある。『ゴジラ・エビラ・モスラ　南海の大決闘』でも，レッチ島に行く羽目になったのは，無謀な3人の青年が無断で出帆させたヤーレン号が，暴風雨に巻き込まれて流されたためだ。1960年代の日本のこの様な南洋幻想は，確実に，戦時下の南洋群島に係わる歴史的事実の反映でもあるのだが，一方では，高度経済成長期の，ある側面では，浮かれた世相をも映し出している。『怪獣島の決戦　ゴジラの息子』や『ゴジラ・エビラ・モスラ　南海の大決闘』に見られる，この煌めく太陽，生い茂る椰子の木，紺碧の海……　この南海の誘惑の先には，一体，何があるのだろうか。」（いのまた2007: 113）

「『モスラ』（1961年7月30日公開，再上映版1974年12月）のインファント島に見られる原住民の踊り。誘惑する女の視線。これは，死の島であるインファント島で繰り広げられる「生殖」の踊りである。モスラは，東宝怪獣の中で唯一，卵から生まれ，成長し，死に，そして，世代交代を繰り返す生物的な怪獣である。モスラの卵の孵化を祈願し，夜毎に続けられるこの奇怪な儀式は，まさに，死と生の挟間に於いて執り行なわれる。それにしても，この妖しい魅力は，一体何なのであろうか。『ゴジラ・エビラ・モスラ　南海の大決闘』など，南洋の原住民の踊りは，1960年代のゴジラ映画の見所でもあった。『写真週報』第59号（1939年（昭和14年）4月5日）には，南洋群島のクサイ島（クサイエ島，現コスラエ島）の写真が掲載されている。南洋の魅力は，『南海の花束』にも垣間見られるように，戦前からあった。『モスラ』以降に見られる60年代の南洋の誘惑は，それに加えて，相前後する50年代〜60年代の戦後日本の芸能とも，実は，密接に関係しているのである。

　『モスラ』に初めて登場する小美人とインファント島の原住民は，アメリカ人ネルソンの阿漕な策謀によって，60年代日本の劇場の

舞台に於いて，見世物にされてしまう。ここには，確かに，当時，世界規模で発生した資本主義社会の消費と，気楽で無責任な娯楽の眼差しがある。見世物にされて踊るインファント島原住民の舞台に重ね合わされるようにして，象徴的な映像としてよく知られる，インファント島実景の全景が映し出される。この二つの連続するシーンに於いて，両者の画面の水平線上に引かれている，一方は，劇場舞台の下の縁と，もう一方は，インファント島の浮かぶ吃水線（海岸線）は，共に，同じ意味を付与されており，60年代日本の消費社会に晒された陳列品と化していることを示している。この両者の構図の共通性については既に言われていることだが，委任統治領南洋群島の歴史的側面について，その意味の連続した系譜を認めるべきであるし，映像論的にも，60年代の日本に現われた南国ブームの，『モスラ』製作に直接携わることになった具体的な舞台芸術との係わりを追求すべきである。インファント島に踊る原住民の姿には，当時，まだ子供であった私には完全には理解し得ない，しかし，胸をときめかせるような何かがあった。それは，南洋に対する冒険的好奇心というものだけでは説明の付かない，ある内的躍動を促す，朧気な妖しさであった，ということを今も記憶しているのである。また，『モスラ』の映像からも見て取れるように，インファント島の映像は，映画的な映像，あるいは，円谷の特撮ミニチュア・セットとは感覚的に何か違うものがあり，演劇の舞台的な映像手法で撮影されている。インファント島洞窟内の映像も，その舞台的な映像の延長であることがすぐ分かるであろう。

『モスラ』に於ける，東京中央劇場の舞台（インファント島幻想林）→実景としてのインファント島全景→インファント島洞窟内の神殿，というこのシークエンスは，観客の目に晒された東京での原住民の踊りと小美人の歌声から，インファント島での原住

民の踊りへと，同じ観客席からの視線がそのまま平行移動されてゆく。ここには，確かに，60年代の日本の商業主義的な好奇心も読み取れるのだが，その様な時代の日本だったとしても（と言うか，だからこそ，と言うべきか），インファント島には，根源的紐帯(ちゅーたい)を感じさせる何かがあったことを，決して忘れる訳にはいかないのである。他の映画などで見た南国の密林，絶海の孤島などと較べても，インファント島は，そこに原住民が存在することによって，何か特別な魅力を放っていた。ゴジラ映画に登場する南洋の島々の中で，原住民が存在するのは，インファント島とファロ島だけである。」　　　　　　　　　　　　　（いのまた 2007: 114-5）[12]

---

[12] また、猪俣の注目すべき着眼として、円谷英二らが戦時中に国策映画のなかで時局を反映させたかたちで撮影した飛行艇のモチーフが、戦後のゴジラ・モスラ映画にものこっており、特にモスラとインファント島に関していえば、南洋に飛翔・展開する日本国民を代表していた飛行艇の象徴の再来こそモスラだという。

「これらの南洋航路は，日本郵船の船舶航路によって既に結ばれてはいたのだが，躍進せる航空日本が，「綾浪号」(J-BFOZ)を始めとする九七式大型飛行艇（九七大艇）によって，空路を拓いていったことに大きな意義がある。時速 280km ともあるから，現在のジェット旅客機が時速 800km 程度であることに較べれば遅かったのだが，当時の新聞各社のみならず，『写真週報』に於いても，1939 年から 1940 年にかけて，南洋や飛行艇を晴れやかに紹介したものが随所に見られる。それが，『雷撃隊出動』(1944 年) に九七大艇が登場する歴史的背景なのであり，『モスラ対ゴジラ』(1964 年) の中で，インファント島に赴く移動手段として UF-2 飛行艇が登場し，「着水，準備。」と台詞でも言われる由縁がどこにあるのか，ということをも示しているのである。「南洋群島」と「飛行艇」は，梅に鶯の如く，映像の構図として成立している。インファント島は，紛れもなく，南洋群島であったのだ。インファント島に戦前の痕跡はないという説があるが，それは，1960 年代の日本に於ける高度経済成長期との共時的・社会的関連を強調する余り，日本のゴジラ映画が，否応なく戦前の歴史と分かち難く結び付いているということや，ま

「南洋幻想」とか「南国ブーム」と戦前・戦後の日本人の共同幻想を指摘し、特に前者に対して、「委任統治領」という経緯をのべている点、後者に対して「高度経済成長期の，ある側面では，浮かれた世相」とか「年代日本の消費社会に晒(さら)された陳列品と化している」などと評している点で、充分大衆意識からの距離化をはかっているとおもう。

　しかし同時に、特攻隊員への感傷など、あきらかにナショナリズムがみてとれるし、エロチシズムに誘惑された自分たち日本人の欲望をあまりに正直に吐露している。自覚はあるのだろうが、「インファント島」幻想のとりこという点で、オリエンタリストとして、共犯的な一員というべきだろう。猪俣の「南洋は，支配・被支配の関係にのみ収斂(しゅーれん)されるものでもない」(同上: 109)とか、「太平洋の島々と日本列島との美しい共栄の思想が構想された」(いのまた2007: 112)といった帝国日本の植民地主義（「南進」論）に対するあまい表現は、戦前・戦後の日本人大衆／知識層の願望・妄想から自由でない証拠だろう[13]。

---

　　た，円谷英二の飛行機映像そのものについて，見ていない（または，見たくない）のであろう。『南海の花束』(1942年)で，飛行艇に対する並々ならぬ熱い視線を注ぎ込んだ円谷の映像を目の当たりにすれば，『雷撃隊出動』の飛行艇と，『モスラ対ゴジラ』の飛行艇に，何の関係もない訳がないのである。」(いのまた2007: 107)
　　「九七式大型飛行艇とモスラは，「飛翔する」南洋であり，根岸明美は，「踊る」南洋であったのだ。」(同上: 119)

13　と同時に、猪俣は続編の「南洋史観とゴジラ映画史―皇国日本の幻想地理学と福永武彦のインファント島―」で、くりかえしあらわにされる南洋幻想とは対照的に中国大陸の隠蔽が「ゴジラ」シリーズにみてとれるとする。至言といえよう。たとえば、前項＝注12のケースは、円谷らが隠蔽しなかった「戦前」を直視できない現代の論者たちの実態をうきぼりにする。【コ

花田俊典は、こうしたオリエンタリスティックな言説をつぎのように批判した。

> 「〔……〕ゴジラは近代人が喪失した〈原初的人間の姿〉のメタファーとして〈高貴なる野蛮〉のドリーム・ランドから近代文明の歪みを指弾するためにやってくる。」
> 「わたしたちの近代（現代）は、こうして時おりゴジラ＝父（神）やモスラ＝母に裁かれたり諌められることで、けっきょくバランスを保っている。そのかぎりでいうなら、ゴジラやモスラは近代文化の補完的な存在にすぎない。」
> 「ジュンシンでムジャキな〈子ども〉という概念も、同じ理由で、いかがわしい。ことごとく近代文明＝都市＝大人といった欧米型の進歩史観にのっとり、その聖なる補完物として捏造された架空の概念装置だからである。
> 沖縄はゴジラか？　田舎はモスラか？〔……〕」
>
> （はなだ2006:「はじめに」）

　花田がみてとったように、琉球列島は「南洋」の北限なのだ。だからこそ、「ゴジラ」シリーズ等であつかわれる「沖縄」「八重山」も、ごつごう主義的に、幻想的イメージだけが援用されてきた。たとえば、沖縄海洋博建設現場や玉泉洞など沖縄島を中心的舞台とした『ゴジラ対メカゴジラ』(1974年) では、クレジットにあげられたキャストに沖縄人がおらず、沖縄の守り神怪獣である「キングシーサー」をめざめさせる「ミヤラビの祈り」は、信じがたいこ

---

ラム 6-1: ゴジラ映画から排除された大陸の政治的含意】参照。

とにほとんど全文標準日本語である**14**。『なんだこりゃ〜沖縄！マンガ・映画・雑誌の中の〈味わい深く描かれた沖縄〉を求めて』というギャグ本をだした、わうけいさおは、「沖縄の子供たちを沈黙させた古琉球ソング「ミヤラビの祈り」とは」という、痛烈な批評で、「この二人〔王家一族の父娘＝引用者注〕のコスチュームが琉装なのであるが、上映当時でも、こんな格好で日常生活をおくり、道を歩いている人間なんて、沖縄にはいなかったぞ。せいぜい、地元のテレビ局の沖縄芝居で、見かけるくらいのものだ。沖縄らしさを出そうと試みた製作側の配慮かもしれないが、当時の地元の子供達の気持ちを考えたら、見事にすべっている」と、登場人物の設定自体をてきびしく断罪している（わうけ2005: 122）。

さらに「作品を鑑賞する限りでは、安曇〔ママ。本来は「安豆味」＝引用者注〕一族の長・国頭天順は、自己中心的で、我がままな老人にしか見えない。（だいたいどっちが苗字なんだか）〔……〕あれをリアルタイムで観た子供たちは、「あんなのウチナーンチュじゃない！」と、ショックを受けていたに違いない」とも（同上）。

「ミヤラビの祈り」についても、"**コラル、キング、古代琉球の言葉には、英語も混じっているんだ…。しかも、基本的な言葉はウチナー口ではなく標準語。これは、日琉同祖論の有力な証拠かも。いや、それだけではない。英語が混じっている事を考えると、日英琉同祖論を展開できるかも？**"」（わうけ2005: 123-4, ゴチックは原文ママ）。「チャンプルー文化」などとして、日／中／南北アメリカなど外来文化を柔軟に吸収してきた経緯をほこるウチナーンチュが皮肉っている文脈をかんがえるなら、これほど痛烈な批判はあるまい。

---

14 唯一「シーサー」がウチナーグチであり、「デイゴ／ディーグ（梯梧）」も歌詞では「ディゴ」と誤記される。

上原正三や金城哲夫ら沖縄出身の脚本家たちのように、「チブル星人」といった、あきらかにウチナーグチからとったケースとはことなるわけだから、徹底的な勉強が不可欠だったはずだが、実に不勉強で軽薄な援用に終始したことが細部にいくつも発見できるわけだ。

　石垣島周辺が舞台となる『モスラ2　海底の大決戦』でも、主要キャストで沖縄出身は、満島ひかり（1985-）ひとりである。ニライカナイ伝説や八重山のうつくしい自然を舞台設定につかうのは、もちろんわるいことではないだろう。海洋汚染の象徴とされるオニヒトデや一部から海底遺跡と信じられている与那国島海底地形[15]などに着想をえることも、理解できる。しかし、いくらSF映画とはいえ、「超古代文明ニライ・カナイの科学者が海洋生物を遺伝子操作して生み出した人工生物」（ダガーラ ; Dagahra）といった乱暴な設定（おざわ ほか2014: 269）などは、オリエンタリズムとは逆方向ではあれ、あまりに冒涜(ぼうとく)的な援用というほかあるまい。

　また、『モスラ2』にかぎらず、「ゴジラ」シリーズや「モスラ」シリーズなどは、1作めから核実験をはじめとした環境破壊への批判がこめられてきた。しかし、さきに紹介した花田による「わたしたちの近代（現代）は、こうして時おりゴジラ＝父（神）やモスラ＝母に裁かれたり諫められることで、けっきょくバランスを保っている。そのかぎりでいうなら、ゴジラやモスラは近代文化の補完的な存在にすぎない」という批判をおもいおこすなら、八重山地域でさえ問題が浮上する環境破壊というモチーフの意味も、単純には黙認できない。モスラらによってまもられた平安＝自然環境と地域というテーマは、暗黙のうちに、「本土では破壊が進行中でもはやと

---

**15**　ウィキペディア「与那国島海底地形」

どめようもないけれども、八重山をはじめとした琉球列島は、復元可能な次元にあり、みんなのアジール（アサイラム）になりえる」という、リゾート・イデオロギーをおびるからだ。

　ゴジラ論の地政学とは別種の典型例としてある「形態論」の第一人者として、怪獣マニアである小林晋一郎をすでに紹介したが(p.21)、秀逸な「ラドン」論を展開した小林も「キングシーサー」論については、オリエンタリズムまるだしだ。そして、これは、ポストコロニアリズムなどの洗礼をうけていない論者にとっては、ごくあたりまえの陥穽(かんせー)なのだろう。

　　「沖縄——灼熱の太陽、抜けるような青空、鮮やかな原色に彩られた街、山々の奥深くに残された秘境、異国と本土の混在、悲しげな旋律、夢と憧れ、鎮魂と祈り。すべてを猛スピードで消化する大都会とは無縁の、ゆったりした時間、緩やかな時の流れの中で、日がな一日、麻糸を紡ぐ老婆の姿にこそ、人生の知恵と人間への洞察はいよいよ深まるのではないか。そしてこうした人々の精神と生活を見守るべく、それぞれの屋根にはシーサーが祭られている。」

　　「ゴジラ生誕20周年記念作として製作された『ゴジラ対メカゴジラ』。宇宙人が造り上げた機械文明の巨大な結晶を迎え撃つには、その対極に立つ伝説の守護獣こそふさわしいと言えようか。謎めいた伝説、二つの太陽、シーサーの像、ミヤラビの祈り、崩れ落ちる玉泉洞の中に光る赤い双眸など、キングシーサー出現までの勿体のつけ方、それによって盛り上がる期待感は怪獣映画に久しくなかったように思う。やはり怪獣は、単に個として在るのみならず、それを取り巻く様々な設定、条件、演出があってこそ初めて真価を発揮できるもののようだ。

　　形態的には獅子、または狛犬のアレンジに過ぎないが、首のま

わりの長い白毛や、全身を覆う松カサ状のウロコも一枚一枚丁寧に作られており、好感が持てる。スタッフのシーサーに対する敬意の表れとも言えようか。〔……〕昭和46年以降第二次怪獣ブームも変解の一途を辿り、怪獣・怪人・アニメ・ロボットが入り乱れた混迷の昭和49年、あらかたのアイディアは出尽くしたと思われていたこの時期に、ここまで個性的な怪獣を創造したスタッフの努力はもっと評価されて良い。

　形態的にあまり強烈な印象を残さないのは、琉球伝説の怪獣という設定のワクがあるためだからやむをえない。ただ、惜しむらくは二足で立ち上がらず、獅子のまま四本足でしなやかに舞い、華麗に戦ってほしかった。ゴジラとメカゴジラが二脚直立型ゆえになおさらである。そして出来れば、何もないノッペラボウの大地ではなく、霧深い原始の山々を背にして、あるいはまったき青空の下ではなく、雷雲たなびく薄明の中で戦ってほしかった。いつの日か、そんなキングシーサーを見ることもまたあるかもしれない。

　思えば日本全土がこれほどまで「開発」という名のメカゴジラに侵略されてしまった今、怪獣伝説という絶滅寸前の存在が許されるとすれば、それはもはや沖縄の神秘の中だけなのかもしれない。学ぶべき文化、恐るべき精神、帰るべき魂の故郷を、我々はもっと大切にせねばなるまい。ふたたび眠りに就いたキングシーサーの祈りに報いるためにも。」　　　　　（こばやし 1993: 134, 135-7）

なんというセンチメンタリズムと、オリエンタリスティックな「甘え」。そしてしったかぶりによる美化は、ウチナーンチュはもちろん、琉球史やポストコロニアリズムの洗礼をうけた読者なら、げんなりすること必定（ひつじょー）だろう。リゾート客や業者が自明視する「いやし」や「伝統」「自然」などが、つごうよくステレオタイプされて

動員されていることは明白だが、小林晋一郎独自の問題をいくつか確認しておこう。

まず、「日がな一日、麻糸を紡ぐ老婆」というのは、おそらく「薩摩上布」「琉球絣」とよばれた「宮古上布」「八重山上布」をさしているのだろうが、薩摩藩の収奪にあった上納品（人頭税）として洗練された歴史とか、沖縄戦後には産業としてすたれたといった経緯と、最近の地域振興策などの動向については、無知らしい[16]。宮古・八重山を支配した首里にある王権を間接統治した薩摩藩。二重の植民地支配という歴史的経緯は無視されている。完全に幻想にもとづいた美化として、自然とともに無責任に称揚される伝統イメージなのだ。

また、「謎めいた伝説、二つの太陽、シーサーの像、ミヤラビの祈り、崩れ落ちる玉泉洞の中に光る赤い双眸など、キングシーサー出現までの勿体のつけ方、それによって盛り上がる期待感は怪獣映画に久しくなかった」とか「形態的には獅子、または狛犬のアレンジに過ぎないが、首のまわりの長い白毛や、全身を覆う松カサ状のウロコも一枚一枚丁寧に作られており、好感が持てる」といった印象論も、沖縄文化にいささかの知識があれば、失笑を禁じえないしろもの[17]。「怪獣は、単に個として在るのみならず、それを取り巻

---

[16] 「昭和27年の2,064反をピークに生産反数は減少し続け、平成14年には10反にまで落ちた。もはや風前の灯火となって宮古上布に大きな危機感を持った行政は織物組合の再建委員会を設立、様々な提案を織物組合に示した。それに基づいて、宮古織物事業協同組合は組織の立て直しを図り後継者育成事業の見直しに取り組み、平成16年、17年には20反の生産反数まで回復した。」（宮古上布/宮古織物事業協同組合「宮古上布とは」, http://miyako-joufu.com/history.html）

[17] ウィリアム・M・ツツイなどは、つぎのように酷評している。
「がっかりするほど平凡な怪獣もいなくはない。〔……〕キングシーサー

く様々な設定、条件、演出があってこそ初めて真価を発揮できるもの」とか「スタッフのシーサーに対する敬意の表れとも言えよう」といった解釈も気はずかしい。「あらかたのアイディアは出尽くしたと思われていたこの時期に、ここまで個性的な怪獣を創造したスタッフの努力」というが、要は新作をつくろうにも想像力が枯渇していたところに、「琉球の伝統」というかたちでしがみついたということだろう。「敬意の表れ」というより、「経緯の露呈」だろう。

「形態的にあまり強烈な印象を残さないのは、琉球伝説の怪獣という設定のワクがあるためだからやむをえない。ただ、惜しむらくは二足で立ち上がらず、獅子のまま四本足でしなやかに舞い、華麗に戦ってほしかった」といった批評も、一見じもとファンの意向を代弁しているようにみえるが、微妙だろう。じもとファンが失望などしないオマージュとして「強烈な印象」をのこせる造形をつくることこそ、特撮の使命なのだから。

ところで、【コラム5-1】において、『ゴジラ対メカゴジラ』で「自衛隊をはじめ防衛軍や防衛隊の類も一切登場しない。また、在日米軍も一切登場しない」「異端」的設定について、「米軍基地が集中している沖縄島周辺で米軍を出撃させるとなれば、きわめて政治的になる。沖縄戦をふくめた反戦的思潮があるなか自衛隊配備に対する反発もある現地の住民感情もかんがえあわせれば、軍隊を一切登場させなかったのは、「逃避」という側面もある一方、「見識」ともいうべきだろう」と、『モスラ2』をふくめた、非・軍事的設定を一定評価しておいた。しかし、自然環境や古代をプロットにつごうよく利用する姿勢と並行して、現実にある米軍による支配（集中する基

---

(King Caesar) は、沖縄の守り神「シーサー (lion god)」の怪獣で、けば状の垂れ耳や化学モップのような尻尾、スギの屋根板にそっくりな腹部のうろこによって怖さが半減している。」（ツツイ 2005: 71）。

地と駐留軍関係者による事故・犯罪、治外法権的実態はその具体的産物だ）が、あたかも現地にないかのように舞台構築するのは、逃避であるばかりでなく、日本人大衆に政治経済学的・地政学的な支配力学を隠蔽する作業だろう。

　未成年者、特に幼児や児童から、性・暴力・犯罪などを隠蔽するのと同様な姿勢が、小学生を主要ターゲットとした特撮映画にも作動する。「セックスや残虐性などを、こどもにみせたくない」といったオトナ（保護者）の意識を制作陣が計算する。政府など公権力における倫理コード上、規制の対象となる（タブー化）。ディズニー・アニメなどに端的にあらわれ、日本のアニメーションやマンガなどではあまいとされてきた自主規制力学。反戦平和を基調とする（実際には、少数ながら中国を敵視する右翼も実在するが）「沖縄県」。そこに常駐・集中する巨大な米軍基地というのは、グロテスクな皮肉であり、沖縄県以外の児童たちには、実際極力ふせられてきた[18]。「日米地位協定」のもと、空港利用や事故処理などで、超法規的制度で特権化した米軍は、事実上憲法の上位に位置する宗主国の存在をみせつける。ゴジラやモスラは、旧江戸城や重要文化財などを破壊せずによけているし、東映の撮影所付近もさけているといわれてきた。小野俊太郎も「現実世界を意識して「聖なる土地」を荒らさないように配慮して進路が決められている」と、「モスラの直進」を評している (おの2007: 163)。

　すくなくとも「ゴジラ」シリーズにおいては、終始「配慮」されてきたのは、ほかならぬ米軍ではないか。たとえば、初代モスラが「福生付近にある横田飛行場（通称横田基地）を襲い」ながら、ア

---

[18] 戦跡での「反戦観光ガイド」の解説、そして「安保の丘」をふくめた駐留米軍の実態を修学旅行などで実体験する機会をもたないかぎりは。

メリカ空軍やアメリカ沿岸警備隊が無反応というのは、さすがに不自然・不可解がすぎるというものだろう[19]。しかし、安保体制における「「地位協定」の影」をえがこうとしただろう「堀田〔善衛＝引用者注〕ら原作者たちや製作の本多〔猪四郎＝引用者注〕たち」は、「暴走するモスラに防衛軍では足りなくなり、ロリシカ軍が新兵器を投入するが、日本の国内に封じこめることはできずに〔……〕」と、米軍の関与を隠蔽しない (おの 2007: 102-6)。

その意味で、「ゴジラ」シリーズは、国民の自衛軍への感覚マヒ（「普通の国」論など）に応じて自衛隊を登場させ、「平成期」からは公然と自衛隊キャンペーン映画のような協賛媒体と化したし、「「地位協定」の影」を徹底的に排除してきたといえる。モスラも「初代」を例外として、「「地位協定」の影」は隠蔽され、あたかも琉球列島には、米軍や自衛隊が常駐せず、モスラら「人類の友人」が悪者退治に成功したあかつきには、てつかずの「美ら海（ちゅらうみ）」がもどるかのような、「子供騙し」がまかりとおるのだ。

このようにみてくると、米軍基地の集中を隠蔽する制作陣と観客は、「公益」のなのもとに巨大迷惑施設が辺地などにおしつけられる、NIMBY（Not In My Back Yard）という現象（多数派の生活保守主義）を体現する「共犯者」たちである。常時危険をおしつけ、一時的にリゾート空間だけ拝借する。なんと、ごつごう主義的なことか[20]。

---

19 もちろん、米軍はモスラの進撃にまったく即応できなかったために黙殺し、自軍の損害を最小限にとどめる判断をくだしたといった、オタク的解釈も不可能ではない。ただし、こういった現実的解釈をＢ級ＳＦ映画にもちこむのは、オタク的趣味での次元でのことにすぎない。

20 こういった、ごつごう主義的な日本人の搾取的姿勢については、ましこ(2002) 参照。また、日本文学研究者大野隆之による、既存の金城哲夫論

# 【コラム 6-1：ゴジラ映画から排除された大陸の政治的含意】

 以下、前掲猪俣賢司「南洋群島とインファント島―帝国日本の南洋航空路とモスラの映像詩学―」のなかから重要な指摘を引用しておく。

> 「Ⅲ．抹殺された「東洋」―ゴジラ映画史から欠落したもの ―
> ゴジラ映画全28作と『モスラ』など，戦後の特撮怪獣映画には，「南の島」は数多く登場するのだが，その一方で，（日本以外の）「東洋」あるいは「中国」が殆ど描かれていない，ということに気付く。戦前，円谷英二の特撮映画第1作『海軍爆撃隊』(1940年，東宝) は，九六式陸上攻撃機による衡陽飛行場 (中国湖南省) 爆撃を描いたものであったし，第2作『燃ゆる大空』(1940年，東宝) も，九七式重爆撃機による西安 (中国陝西省) 爆撃を描いたものであり，山口淑子 (李香蘭) が主演する戦後の『暁の脱走』(1950年，東宝) なども含め，渡洋爆撃を始めとする中国戦線を舞台とした戦争・戦記映画が数多く作られてきた。戦後，手の平を返したように，日本が中国大陸へと勝ち進んでいった映画ではなく，太平洋で米国に敗れていった映画が専らに製作されたという別の事情は，ここでは措くとして (お蔭で，東京大空襲は知っていても，渡洋爆撃は知らない，という教室の現状を生み出している)，「中国」(支那) も描かれた映画が他にも製作されたことを思い合わせてみると，特撮怪獣映画の描く「南洋」に，「東

---

批判については、章末【コラム 6-2：オリエンタリズムとしての金城哲夫論】参照。

洋」や「中国」の影が欠如しているという現象は、実は、一見、極めて不思議なことなのである。

### 排斥された「支那」

　ゴジラ映画に描かれなかったものは、勿論、他にも沢山あるし、『怪獣総進撃』(1968年、東宝) と『ゴジラ FINAL WARS』(2004年、東宝) に、中国が少しだけ描かれていたのも事実ではあるが、銀幕に登場する「南洋」には、原始日本を髣髴とさせるかのような南の島の「原住民」が専らに描かれるばかりで、南洋華僑を始めとする中国系の存在が欠落しているのである。「東洋」から完全に遮断され、独立した（国際社会から孤立した）空想的な「南洋」の世界が描かれているという事実は、ゴジラ映画史の大きな特質の一つなのである。

　そのことは、同じ「南洋」を舞台とした映画でも、『モスラ』の2年前、1959年に日本でも公開され、後に宝田明の東宝ミュージカルでも人気を博した、米国のミュージカル映画『南太平洋』(South Pacific, 1958年、米国、監督・ジョシュア・ローガン) と較べてみれば、よく分かる。ソロモン群島に設定された架空の島、バリ・ハイ島に登場するこの島の娘リアットは、東洋系（中国系）のトンキン娘であった。冒頭に登場する飛行艇のシーンには、僅かに戦時下を舞台としていることの表象を見るものの、東宝の南洋映画に較べて異様なまでに明るいバリ・ハイ島の様相には、戦後のミュージカル映画とはいえ、インファント島とは全く異質な、裕福な米国の「南洋史観」の一端を思い知らされるのである。そして、「東洋」と非連続ではない「南洋」の事実が、トンキン娘の存在を描くことによって表されているということに、ゴジラ映画史に通底する日本の南洋史観との最大の相違点が見て取れるのである。また、マルグリット・デュラス原作の『ラマ

ン』(L'Amant,『愛人』, 1992 年, フランス・英国, 監督・ジャン＝ジャック・アノー, ナレーション・ジャンヌ・モロー) にも, 仏領植民地サイゴンを舞台に, こってりと華僑との交渉が描かれていたことも考え合わせると, 戦前・戦後の日本映画の描く「南洋」に「東洋」(支那・満洲) の痕跡が捨象されていることは, ある事実の隠蔽であることに気が付くのである。」

(いのまた 2008: 99-100)

　猪俣の指摘は非常に重要である。おそらく、大陸には中ソという軍事大国があり、植民地主義的なノスタルジーを再演するには、あまりにタブーの度あいがたかかったのだろう。一方、「南洋」は、オーストラリアは一部の人間以外太平洋戦争での戦争犯罪等を不問にふして、食料・資源などの大量輸入国として、親日的態度を維持したし、インドネシアなど反共勢力がうちかった開発独裁空間では、欧米列強からの解放を称揚するような政治勢力さえでるような空間であったから、佐藤健志らのいう意味とは逆の「甘え」がゆるされたのではないか。

## 【コラム 6-2：オリエンタリズムとしての金城哲夫論】

　怪獣論からそれるが、大野隆之は金城哲夫のかたられかた自体が、オリエンタリスティックな含意があるのではないかと批判する。

　　「むしろ近年金城を語る時に、「沖縄」がキーワードに入らないことは、珍しいくらいである。しかしそれらの論考を読む中でしばしば疑問に感じるのは、論者がいっている「沖縄」とは、一体何であるのか、という点である。「沖縄」、それは争いを好まぬ優しく純粋な人々が暮らす島である、もしくは、皇民化政策から地

　　　　上戦を経て米軍基地に押しつぶされている気の毒な場所である。
　　　　犯されたユートピア、そこからやってきた才能ある若者が、人々
　　　　に夢を与え、去っていった。これは現在再生産されている新しい
　　　　オリエンタリズムではないのか。」　　　　　　　（おーの2004: 29）

　これは、一見秀逸な批判にみえるが、はたしてどうだろう。「そ
れは争いを好まぬ優しく純粋な人々が暮らす島である、もしくは、
皇民化政策から地上戦を経て米軍基地に押しつぶされている気の毒
な場所である。犯されたユートピア」という一見するどく本質主義
をついた視座にみえる。しかし「皇民化政策から地上戦を経て米軍
基地に押しつぶされている気の毒な場所」といった「対岸の火事」
視を批判するなら、金城哲夫論を展開するヤマトゥンチュにではな
く、ヤマトゥンチュ全体の偽善性にむけられるべきではないか？
いいかえるなら、「皇民化政策」「地上戦」「米軍基地」という、琉球
列島植民地化史の「三題ばなし」を「ひとごと」のようにかたって
はじないヤマトゥンチュの一部が、金城哲夫をだしに、沖縄論をか
たっているつもり、という構造的搾取こそ問題の本質なのだ。大野
は、植民者として沖縄の大学に職をえて、しかも目取真俊をはじめ
とした鋭敏な植民地文学を研究し講じてきたのに、それは「皇民化
政策」「地上戦」、そして「現在完了形」や「現在進行形」としての
「米軍基地」という植民地化の加害者性から超然とおこなえるのだ
ろうか？

　すくなくとも、「争いを好まぬ優しく純粋な人々が暮らす島であ
る」というイメージは、単なるおしつけられたステレオタイプでな
く、戦後のウチナーンチュたちの「自画像」の一部だろう。「イチャ
リバ、チョーデー（たまたまであれ、一緒になったら兄弟姉妹）」
とか「ヌチドゥ、タカラ（いのちこそ、たからもの）」といった戦
後定着しただろうことわざは、すくなくとも、蛮行がめだった日本

軍に象徴される帝国日本と比較すれば「真理」だった。他方、ヤマトゥンチュがリゾート地などとして「いやしの島」イメージに依存するときに想起されるイメージは、まさに本質主義であり、みくだした視線がほのみえる以上オリエンタリズムだろうが、ヤマトゥンチュの大半と比較するかぎり、相対的に妥当だろう。

いいかえれば、「争いを好まぬ優しく純粋な人々が暮らす島」とすることで、「いやし」をえたいヤマトゥンチュのごつごう主義が現地の労働力をふくめて観光資源を搾取するのだ。「皇民化政策から地上戦を経て米軍基地に押しつぶされている気の毒な場所」だと、かたちばかりの同情をかけるだけで、自分が知性をそなえ慈悲ぶかい人物であるかのような錯覚にひたるという、自慰的な幻想の素材として、琉球列島があるのだ。

したがって、金城哲夫を沖縄の象徴としてかたる論者のオリエンタリスティックな本質はそのとおりであれ、あたかも大野らの議論が、それら「俗論」を超越した高級な議論であるかのような演出は、少々卑怯なのではないか。むしろ、既存の金城哲夫論は植民地主義の反復にすぎなくて、いまだにいえない病理として表出しただけなのだ。大野がこのカラクリに無自覚で、このような、たかみにたった批判をするのであれば、大野自身が無自覚なオリエンタリストである可能性がたかい。これまで、ヤマト系の言語学者が多数おとずれては「危機言語収集」に熱心だったこと、アイヌ語研究が、アイヌ民族自身による蓄積よりも、すくなくともアカデミズムにかぎるかぎり、圧倒的に和人系研究者がおおかったことなどと通底した、搾取体質はなかったのか？

大野自身、「普天間固定」[21]といった、どうみても辺野古の新基地

---

21 「普天間固定」(『オキナワの中年』2012/05/25 http: //plaza.rakuten.co.jp/tohno/

建設賛成派としかうけとれないエッセイをかくような余計なことをなぜ自重せず（それこそ植民者の政治介入だ。地方の大学人の社会的地位はたかいだろうから）、他方なぜヤマトにむかって植民地主義を脱却するようにキャンペーンをうってこなかったのか？　植民地文学をかたりながら、植民地主義に加担するような行為を「だがあえて少数意見を書く」といったいいわけをもって展開した動機が不可解だ。

---

diary/201205250000/)
　「名護市というのは異様に巨大な行政区であり、これは北部の人口減少に伴い、復帰直前の 1970 年に五町村が合併したからである。現在人口の大半が東シナ海側の旧名護町エリアに住み、ほとんど無人の広大な内陸部を経て、太平洋岸の旧久志村エリアに辺野古崎はある。そしてこの辺野古の人々が反対ならあきらめるほか無いのであるが、賛成の人が多い（かった、今は状況が変化したかもしれない）。県内ではレベルの高い国立高専の立地など、自民党時代に多くの振興策が実施されただけでなく、この地区は伝統的に海兵隊と友好的な関係を維持してきたからである。
　この 3 月に辺野古地区の住民は、基地反対テント村の撤去を求めて、過半数の署名を集めた。テント村の住人？は県外からやってきた極端な人々であり、長期にわたって公有地を占有している。中で何をやってるかわからない不気味な存在である。しかしこの請願に対して移設反対の稲嶺市長は冷淡だったとされる。」
大野は、あたかも中立的な見地から少数派にくみした持論を熟慮・展開しているようなポーズ、ないし信念をしめしているが、実際には、目取真俊への断定（p. 51 参照）同様、きわめて政治的、ないしナイーブである。

# 7章
# 特撮怪獣作品などの宿命と、その虚構ゆえの可能性

**本章のあらまし**

長山靖生らが主張するような、「大人騙し」という視点からSF作品のつくりを論評するにしても、非成人むけ作品に一貫性や現実性など物理的・軍事的リアリズムをもちこんだり、そういったわくぐみから政治的寓意を抽出したり、といったこころみは基本的に不毛である（安保体制のように、投影が不可避な要素もあるが）。残酷な政治的現実など、児童に暴力性をつきつけることは、性的表現などへの自主規制と並行してタブーが維持されるのだ。異性愛や家族愛、友愛、勧善懲悪など、常識的価値観を基軸にする洗脳装置として娯楽作品は構成されてきた。また、フィクションとしての宿命、叙事詩的な蹂躙シーンなどエンタテインメントとしてのパニック映画の基本構造とか、ブランド化にともなうSF的な設定説明（水爆実験 etc.）の不要化なども、興行上の現実としてある。しかし、虚構であるがゆえの可能性も実在する。たとえば、大衆のパニックを懸念して報道官制にはしる「エリートパニック」とか、「監視社会」を当然視するテクノクラートとかマッドサイエンティストの暴走など、SF作品は、現実政治やそれがはらむ危険性を、大胆かつ皮肉をこめてモチーフ化してきた。政治的リアリズムをうんぬんする右派たちの批評とは正反対に、怪獣作品は、おもった以上に政治的現実を描写してきたのだ。5章・6章でとりあげたように、制作者の意図、批評家たちの意図をこえて、地政学的含意とかレイシズムなど、現実を皮肉にもえがいてしまう。虚構上の設定という自由さゆえに、たとえば隠蔽行為は、はからからずも制作・批評の姿勢がはらむ政治性を露呈させる。

## 7-1
## 虚構のリアリズムと政治性

　ところで『モスラ2』(1997年) を酷評する論者はすくなくない。長山靖生は、すでに紹介したように、怪獣映画は「子供騙し」というより「むしろ大人騙しなもの」だとする根拠として、「虚構のなかに寓意を読みとろうとする」姿勢を成人たる観客・制作者が共有しているからだとする (ながやま 2002: 32)。この解釈の妥当性はともかく、長山は「子どもは想像力が豊かである反面、嘘をひどく嫌う。彼らは極めて事実を重んずる」ことにも、怪獣映画が「子供騙し」ではなく、「虚構のなかに寓意を読みとろうとする」成人に期待する構造をよみこんでいるわけだ。

　ハイティーン以上の年齢層むけのSFが、決して特撮怪獣系のB級映画にはならないだろうことはのべたので、ここでは、別の面を指摘しよう。

　10歳前後の児童は、実は琉球列島など大都市部からとおくはなれた「南洋」でも環境破壊が進行中だという「事実」を直視しているだろうか？ 中国の覇権主義的進出といった、見解のわかれる時事的問題はおくとして、「怪獣が出現したら、自衛隊や在沖米軍が出撃するにきまっている」といった、ミリオタ的な「現実感覚」を共有しているだろうか？ そんなはずあるまい。そういったミリオタ的な指弾をB級SF映画にぶつけることをいさぎよしとしない保護者は、完全な（そして無自覚な）右翼だろう。同様に、「ジュゴンの生息地に米軍基地が新設されて破壊されようとしているのが、沖縄の自然の現実だよ」といった、ふみこんだ論評を10歳前後の児童にする保護者も、エコ・ファシスト、ないしシンパサイザーの可能性があるだろう。

　一般的な保護者は、そういった政治性をこのまないものだ。「た

とえばサンタクロースなどと並行して、成人たちが善意で児童たちの現在・未来をまもろうとするし、決して戦闘や暴力などの残酷なシーンにさらさない」という、児童・幼児むけの対面をとりつくろうだろう[1]。たとえば、パレスチナへのイスラエル政府軍の攻撃で毎日のように児童や女性・老人たちがたくさんしんでいくという政治的現実を「対岸の火事」として、自分たちの保護下の児童に残酷な現実をつきつけないという方向での「生活保守主義」を共有しているはずだ。その意味で、『モスラ2』でも再演された「小美人」が最後にかたる「平安」は、オトナたちが、コドモむけに演出したい「クリスマス・イブ」や「ディズニー・ワールド」のような虚構であり、世界各地での惨劇や不幸を隠蔽した結果だろう。

このようにみてくると、「ゴジラ」シリーズなどに登場する、マッドサイエンティストの自滅など、狂気と悲劇の表現はともかくとして、B級特撮映画に、物理的リアリズムはもちろん、政治的リアリズムもなじまない。

すでに何度もくりかえしたとおり、

> 「巨大怪獣もののパニック映画では、自分たちの土地や国民が襲われなくては観客は心を揺さぶられない。」
> 「ナショナルな意識を高めるには、侵略小説や映画の系譜に基づいて、自分たちの領土が侵され、住居が破壊され、とりわけ「女子供」が蹂躙されるようすが描かれる必要がある。」
> 「「叙事詩」とは本来そういう機能をもつもの。」　　（おの 2014: 157）

---

[1] すでに「偽善的といわれようが、非情な現実に対して免疫のない児童に、むごいストーリーをあてがう気にはなれず、基本的に「ゆめと感動」を提供したい」とかんがえている、制作陣・保護者の意識を指摘しておいたように。

といった普遍的構図は、基本的に成人男性むけの「大人騙し」かもしれない。すくなくとも、アメリカ人が大すきなハリウッド映画の主流部分の一角はになっているだろう。しかし、ヒーローないしヒロインが市民をくりかえし窮地からすくいだしてきたように、最後が「荒涼とした廃墟」でおわるエンタテインメント作品などありえない（たとえば、押井守作品などでさえも、最後に最低の「すくい」はおとずれる）。まして、こどもむけ（特には、キャラクター商戦もからむ）作品に予定調和が欠落するはずがなかろう。かりに制作者の一部がのぞもうと、スポンサーと保護者がのぞまないのだから。かくして、「虚構のなかに寓意を読みとろうとする」成人を「共犯者」とするべく、舞台設定は入念になされるであろう。

たとえば、既存のほとんどの作品が、愛情や友情を美化する基本構成をもち、特に「愛情」については、「男女」間での異性愛と「親子」を軸にした家族愛を自明視するよう洗脳がなされてきたことが、女性学やクィア研究によって指摘されてきた。つまり、異性愛至上主義や家族愛至上主義という規範が注入される作品がほとんどという現実が、事実上の「イデオロギー装置」として、官民をとわず「洗脳」包囲網をかたちづくってきた。同形の構図は、B級アクション映画、特にヒーローものにもあてはまるであろう。「正義はかつ」という信仰がゆるがぬよう、「悪が退治される」構図が執拗に再生産され、消費される。「暴力」を正当化する「正義」も、しつこく強調され、「暴力」への感覚マヒが醸成される。「戦闘できる心身」「死刑囚を処刑できる心身」の育成・選抜機能である。

その意味で（不幸な遭遇として、怪獣出現をえがいた金城哲夫作品や、阿蘇の噴火にほうむられた「ラドン」のように、人類をかならずしも自明の正義と位置づけない作品をかずすくない例外として）特撮怪獣ものの基本は、「敵をころせ」というメッセージをうえつけるほかない。それは母性的といわれる「モスラ」シリーズで

さえ、のがれられない宿命といえそうだ[2]。

さて、さきに、政治的リアリズムをB級特撮映画にもとめるのは、ないものねだりだとのべておいたが、堀田善衛ら『モスラ』第1作の原作者たちや映画制作スタッフらが風刺しようとした核戦略や安保体制などを虚構にもりこもうとした政治性が無意味なわけでは、もちろんない。実際、かならずしも特撮マニアとはいえない批評家等が、さまざまな「解読」をこころみてきた理由は、マニアらによる趣味としての合理化・解釈とは別個に、制作陣がこめた寓意とか、観客がうけとっただろう政治性があったからこそであった。しかし、同時に、いくつか紹介したような「みもふたもない」構図の暴露が無益だったのかといえば、正反対である。「みもふたもない」構図を、いま一度整理してみよう。

1) 『ゴジラ』や『モスラ』など初期の特撮怪獣作品は、異形の怪物の襲来という設定を観客になっとくさせるために、核実験などをもちだしたが、大都市の破壊や、軍隊で阻止できない圧倒的存在といった「約束」「様式」が定着(ブランド化)すれば、設定の説明は不要になっていった(唐

---

[2] なお、怪獣を「仕方なく懲らしめる」だけであり、単なる「怪獣の殺し屋ではない」ウルトラマンといった金城らの位置づけは、21世紀をむかえると(シリーズのなかで例外的少数とはいえ)怪獣を「捕獲して保護地域に隔離することにより守られるべきもの」(ウィキペディア「ウルトラマンコスモス」)と位置づけるまでになった。「怪獣をむやみに倒さない優しいウルトラマンは、怪獣を倒すカタルシスがないと批判するウルトラシリーズのファンも存在した一方で、作品の主な視聴者である未就学児童とその親に概ね歓迎された」(同上)といった見解が妥当であるとすれば、単純な正邪二元論しか年少者にはうけないとか、男児は正義にもとづいた圧倒的実力がすきであるといった既存の常識があやしいことをしめす。

沢俊一etc.)。
2) 『ゴジラ』は、「東宝が生み出したドル箱キャラクターであり、シリーズ化が大成功を収めはじめた62年の「キンゴジ」以降〔……〕水戸黄門型の「定番」シリーズ化の産物であった。」(萩原能久)
3) なぜゴジラをはじめとする怪獣が日本にばかり再三来襲するのかといえば、以上のような興行的な経緯だけでなく「巨大怪獣もののパニック映画では、自分たちの土地や国民が襲われなくては観客は心を揺さぶられない。」「ナショナルな意識を高めるには、侵略小説や映画の系譜に基づいて、自分たちの領土が侵され、住居が破壊され、とりわけ「女子供」が蹂躙されるようすが描かれる必要がある。」「「叙事詩」とは本来そういう機能をもつもの。」(小野俊太郎)

## 7-2
### 虚構と歴史意識のポリティクス

　原爆投下をふくめた本土空襲による無数の廃墟と、それにいたる恐怖と惨劇は、サバイバーたちにとって強烈な記憶としてきえておらず、また1952年までつづいた米軍を中核とした占領とその後の安保体制は、リアルな国際政治として大衆の心理を支配していた。その意味で、東宝などに結集した人材は(『モスラ』原作者である、堀田善衛ら文学者も)、戦後うまれの児童だけでなく、かれらの保護者たる戦中派(サバイバー)たちにとって、粗末なB級映画とはいいがたい圧倒的存在感をもっていただろう。おそらく、卑劣かつ残虐だった植民活動を記憶のなかから排除して「建国」された、「自称・被迫害者たち」のアジール「アメリカ」がくりかえし作成・享

受してきたハリウッドなどの「パニック映画」と同根の防衛機制がみられつつも、異質なのは、空襲体験と占領体験ゆえであった。空襲体験と占領体験がうすれて、「歴史上のこと」として理解されるようになった高度経済成長期後半になるまで、以上の構図は、商業的・B級文学的な要請とは別個に実在し、作品群を支配していた。しかし、同時にこの規定要因は、空襲体験と占領体験がなく、核戦争の恐怖をリアリスティックに意識できない高度経済成長期後半以降に少年期をむかえた層（60年代うまれ）からは無効化してしまう。

また、怪獣たちのおおくが海上から襲来し、特に「南洋」を出撃地としていた点も、大英帝国のコピー国家として海洋帝国へと大国化したアメリカの「パニック映画」（たとえば、キングコングetc.）とは一部しか通底するものがなかった[3]。歴史的経緯として、17世紀初頭から琉球列島を植民地化していた薩摩藩の「遺産」をひきついだ明治政権が、日清戦争を画期として「南進政策」をおしすすめる動機を明確化し、それが第一次世界大戦でドイツの太平洋の植民地を委任統治領としてせしめたことで、実現してしまったことがおおきい。北太平洋をめぐる覇権闘争は、総力戦体制の成熟度の必然的な結果として、あきらかに後進国だった帝国日本の大敗でおわる。ゴジラを「英霊」や「戦没者」の怨念とみなす論者の「南洋」幻想の解釈は、戦中派の制作陣・観客の共有する罪悪感を一部説明できるものの、「南洋」幻想の基盤となるオリエンタリズムやルーツ意識などをみおとしたものだし、すでにのべたとおり、1960年以降うまれの世代には、やはり無効である。たとえば、加藤典洋が

---

[3] ただし、ピーター・ミュソッフが『キングコング対ゴジラ』にみてとっている日本人の「黒人」差別意識は、欧米諸国のレイシズムの伝染といえるだろう。章末【コラム 7-1：『キングコング対ゴジラ』がてらしだす無自覚なレイシズムの伝染】参照。

「なぜ『ゴジラ』がその後、50年にもわたって、28回も作り続けられねばならなかったのか」などと、力んだといをたて、「いったん、『ゴジラ』が「不気味なもの」として存在してしまった上は、これを衛生化、無菌化、無害化し、戦後の社会に馴致しなければならない」といった解釈の暴走へといたったのは、くりかえしになるが、無残というほかない[4]。

　戦中派の制作陣・観客の共有する「まちがった戦争の加担者としていきのこってしまった」といった罪悪感は、世代交代のもといやおうなく風化していった。帝国主義史をいかにまなぼうが、戦後うまれには「まちがった戦争の加担者の子孫としていきるほかない」といった、ひらきなおりしかできない（ドイツ国民の大半がそうであるように）。唐沢俊一が残酷にもいいあてているように、異形の巨大生物襲来という設定を観客になっとくさせるためにもちだされた「出現」理由、それにリアルな実感をあたえた核実験など冷戦構造のもとでの第三次世界大戦の不安や、第二次世界大戦の記憶などはすべて、ブランド化が達成された（「お約束」の定着）のち、不要化してしまったのだし。そもそも、ゴジラがはきだす白熱光には放射性物質がふくまれているらしいという設定は、（結局は被爆地が襲撃をうけないというシリーズの設計との齟齬はないものの）「唯一の原爆被害国民」といった一般的イメージをおびた日本人意識と

---

4 同様に、「ゴジラ映画史は，帝国の残映として，戦前の日本を引き摺って来た文化史であると同時に，核兵器の戦後史を表現し続けていたとも言える。核エネルギーと何らかの関係を含みつつ，50年にも亙って，ゴジラという一つの存在を描き続けて来た映画も，繰り返される原爆の「きのこ雲」の映像を除いては，稀有であろう」といった総括も、後半は少々いさみあしといえよう（いのまた 2012: 3）。「ゴジラ」の多様性については、章末の【コラム 7-2：ゴジラ映画史にとって有害無益な本質主義】参照。

衝突する、不謹慎な構図だった。放射能の急性被曝をイメージさせる怪獣たちの攻撃は、以後、観客の感覚マヒを誘発していく。たとえば、B級興行の典型であるプロレスの攻撃テクニック「アトミック・ドロップ」とか、アニメで登場した攻撃「アトミックサンダーボルト」（黄金聖闘士）などは、ビキニ環礁でアメリカがおこなった原爆実験（「クロスロード作戦」）にヒントをえたフランスのデザイナー、ルイ・レアール（Louis Réard）の不謹慎さ・軽薄さ（1946年7月）と通底するものだろう[5]。

## 7-3
## 時空上の「対岸の火事」（ひとごと意識）

さきに、『モスラ』(1961年)以降、原水爆イメージはどんどん風化していったという社会学者の指摘（よしい2007）を紹介したが、核大国の住民は当初から「対岸の火事」視していたし、肝心の「被爆国」住民も、被爆関係者以外の相当数が、世代交代もあいまって不謹慎な国民へと変貌をとげていく。それは、高度経済成長（もちろん、冷戦下の米軍による「特需」なしにはなかった）が演出した「希望」のもと、ソフトパワーをとおしたさまざまな洗脳工作[6]の産物として親米保守を選択した国民が、戦争の惨禍はもちろん、戦争責任さえも忘却していく過程であった。放射性物質をふくんでいるかどうかは不明だが、「熱線」や「光線」は、「ウルトラ」シリー

---

[5] セパレート型女性水着をカテゴリー化するために、注目をひくために核実験の衝撃性を援用したデザイナーに、広島・長崎の被爆者への共感などなかったはずだ。

[6] 平和主義者ヒロヒト像はもちろん、原発やパン食化なども、日米の官民をあげた情報操作ぬきには、説明がつかないだろう。

ズはもちろん、ロボットや超人・宇宙人などが登場する戦闘ものには、1960年代以降大量にはびこることになる。幼児・児童むけに人気をあつめるゲーム／アニメの「ポケモン」なども、「熱線」や「光線」などでみちあふれている。「ニンテンドー・ウォー」とよばれた湾岸戦争の「ピンポイント爆撃」報道画像などをおもいおこせばいいが、肉弾戦・白兵戦と対極にある遠距離攻撃を望遠レンズなどでとらえた画像は、画面上の動画としてゲーム機の映像と大差ない印象をあたえてしまう[7]。「対岸の火事」よろしく、「遠方」で展開される、流星や雷光のような「攻撃」映像は、たとえば「痛快感」とか「高揚感」などをひきおこす可能性がたかい。すくなくとも、ゲーム中で攻撃中のプレイヤーは、攻撃中に興奮し、敵の撃退に快感をおぼえているはずだ。原爆投下の実行者でさえも、罪悪感がさまざまであったように、戦術立案者や国民には、敵国の戦死者

---

[7] わたくしごとではあるが、20年以上のまえの学生時代のわすれられない光景をもうしそえておこう。1991年の湾岸戦争当時、在籍していた大学院からは1時間以上はなれた母校ちかくに下宿、30歳にもなりながら、かってしったる寮食堂にでいりし、ひとまわり前後年少の後輩たちとおなじ屋根のしたで、昼食をたべていた。

ある日のこと（多分1991年1月17日か18日）、CNNが米海軍か米空軍の空爆（「砂漠の嵐」作戦）の様子を配信していたものを、たしかNHKがニュース映像としてながしていた。あっけにとられたのは、司法試験留年組の後輩が、そのアクション映画めいた画像をみながら「ころせ！ やっちまえ」と歓喜をあげたことだった。男性は、「判事になって死刑をバンバンだす」などと極右そのものの「抱負」をかたるような人物で、現在は郷里で弁護士稼業のようだ。そういった人士が判事はもちろん、ひとの権利を擁護する専門職というのは、そらおそろしい。

しかしこれも前述したような「死ぬのはやつらだ」という残忍な「災害愛好症（カタストロフィ・コンプレックス）」の発露にすぎず、NHK経由のCNNのニュース画像がアメリカ政府の御用メディアとして機能し、「商品」として消費された結果にすぎないのだろう。

への共感などはある方が不自然だろう。これらは「ひとごと」として、被災地への感覚マヒをどんどん進行させるだろう。核大国が「ビキニ」といったカテゴリーをファッションにもちこんだり、不安感から核開発競争に狂奔したりしたように。「ゲームが暴力性を強化する」といった仮説がどの程度妥当なのか、どういった規制がどういった条件で必要なのかはわからない。しかし、無人攻撃機や大陸間弾道弾など遠隔操作／長距離兵器の存在が、「標的」への共感の鈍麻をみちびくことはさけられないし、「画面上」の世界を単なる「刺激」をもとめる対象としかみない心理が強化されるだろう。初代ゴジラをほうむった「オキシジェンデストロイヤー」を主人公が封印したように、究極の破壊力は封印すべきだという理念が、原爆投下以降の反核運動をうけてえがかれていたのに、日本軍や国連のゴジラ対策組織の攻撃力は、後年どんどん肥大していく。そのはどめは、ゴジラなど怪獣があっさり駆逐されてしまっては、つまらないからといった構成上の理由しかなくなっていったとおもわれる。そこには水爆や大陸間弾道弾などを大量に開発・蓄積してしまった軍拡競争への反省が全然反映していないといえよう。「画面上」という二次元空間での刺激の追求は、感覚マヒ装置なのではないか。

　核兵器不安はさておき、一般論として半世紀以上にわたる「ゴジラ」シリーズに一貫したモラルやテーマをみいだすのは困難というのは当然だろう (ツツイ＝神山訳, 2005: 111)。ツツイは、日本社会の激変や世代交代に商業的に対応しようとした映画会社の意図、国軍の再建・肥大化といった要素によって、つねにユレつづけてきた「ゴジラ」シリーズを評して、観客の各人に「多様な解釈」をゆるす「単純に範疇化（カテゴライズ）されることを拒む」「架空の怪物」(同上: 149) であるということで、ある意味「ゴジラとは何か」(同上: 第3章) というみずからの課題から逃避している。しかし、同時にツツイが、つぎのように皮肉をはいている点も無視できないだろう。

〔……〕アメリカ、ソ連、あるいはアジアの国と交戦する日本の軍隊といった設定を組むことはできなかったが、ゴジラや他の大怪獣を引き立て役にして、戦闘場面やカッコいい新兵器を登場させ、民衆の愛国心をそっとかき立てることは可能だった。

現代映画における大スペクタクルの一つ、すなわち大胆な戦闘シーンは、こうして放射能の申し子たる架空の爬虫類大怪獣を日本軍勢力のターゲットに据え、道理にかない、論理的にも筋の通った形で、戦後日本のためによみがえった。

〔……〕子どもらが成長し、もっと積極的な軍事政策を望む大人になっているのか、より規制の緩やかな平和主義観を好むようになっているかは、知る由もない。

でも、ちょっと考えてしまう。ゴジラ映画とは、武装解除され、罪の意識にしゅんとなった国民をして、銀幕に映し出される禁断の（そして露骨な）戦争ファンタジーに耽溺せしめる、一種の軍事ポルノグラフィーと見なすことは、可能だろうか？(同上: 130-1)

ツツイは、ゴジラ映画と日本人のナショナリズム、安保体制をふくめた日米関係に対する日本人の意識についても論じているが、以上の点は、かなり重要だとおもわれる。

## 7-4
### 虚構＝自由ゆえの取捨選択のポリティクス

ところで、政治的リアリズムの寓意という点では、安保体制を支配とみぬいた『モスラ』の展開や「ゴジラ」シリーズでみられた

「エリートパニック」[8]などが、すぐ想起されるだろう。山地良造は『ゴジラ』(1954年) を多面的に論じた文章の冒頭部につづいて、つぎのようにのべている。

> 「映画では、国会内に特別委員会が設置され、ここで未知の怪獣についての報告や質疑などが行われる。特に、事実の隠匿に走ろうとする政府側の委員と、これを阻止しようとする女性議員の遣り取りは、情報公開制度が定着しつつある現代との比較に十分耐えるものである。政府にとって不都合な事実を公にしないという姿勢に関しては、これを善意に解釈すれば、国民をパニックに陥らせないためなのだという政府側の大義名分も成り立ちうる……。実際、未知の怪獣による災害という学術的見解を受けた政府側は、事の重大性を認識するがゆえに非公表を強く主張するのだが、これに対して、先の女性議員は、重大だからこそ国民に公表すべきであると訴えるのである。つまり重大な事実だから隠すというのではなく、「事実は事実だ」という前提のもとに、事実自体の重大性がここにさらに付け加わるからこそ国民に正確な情報を伝えよと主張するのである。このたびの大震災直後の官邸が発表する情報内容の信頼度が当初から盤石なものでなかったことを

---

8 「エリートパニック」は、エリート層の大衆蔑視にもとづいたパターナリズムの典型例であり、衆愚観の産物としての秘密主義である。エリートたちは、大衆が巨大リスクに遭遇するとパニックをひきおこして大混乱におちいるという都市伝説にもとづいて、恣意的に情報を隠蔽し、エリート内で危機対策をしようと暗躍する。しかし、レベッカ・ソルニットらが指摘するように、大衆は「エリート」たちが愚考するほどおろかではなく、パニックで大混乱におちいったりはしない(ソルニット 2010)。「エリートパニック」は、エリート層における錯覚・幻影と独善性、そして利己主義がもたらす情報操作である。

いまになって知る我われにとっては、映画のこの場面の素朴な反応として、国会における両者の応酬を「映画は映画だ」と言って容易に割り切ることはできにくいのではないか……。」

(やまじ 2012: 46)

　山地は、論文冒頭部で福島第一原発事故についてふれているので、この箇所が原発震災についての政府の発表を意識していることは、あきらかだ。実際、山地は注記で、つぎのような、政府の発表を上杉隆「ジャーナリスト休筆宣言　既存メディア、震災報道の「嘘」を暴く」(『ボイス』平成23年9月号、PHP研究所) から、ひろっている。

- 「メルトダウンはしていません」
- 「放射性物質は拡散していません」
- 「半径二十kmの地域は安全です」
- 「年間二十ミリシーベルトまで大丈夫です」
- 「低濃度の汚染水を海洋放出しました」
- 「海産物は食べても安心です」
- 「農産物は食べても安心です」
- 「工程表のとおりに収束します」　　　　(やまじ 2012: 66-7) [9]

---

[9]　上杉の文章は、のちに『新聞・テレビはなぜ平気で「ウソ」をつくのか』(PHP新書) として刊行された (うえすぎ 2012)。
　枝野幸男官房長官 (当時) や背後にいた官僚たちが自己批判したというはなしは、きいたことがない。もちろん、これらが民主党政権だったからだとか、菅直人首相のもとにあったからだといった非難は、まとはずれだろう。原子力ムラとは、自民党を不可欠の要素とした政官財情学ペンタゴンの形成物だったのだから。

山地は「上杉氏は政府当局者の記者会見における発言をそのまま記事の各項目の小見出しにして、これらの発言をことごとく否定し、無批判にこれらを伝えた既存メディアの現実を文字どおり暴き出している。かねてから記者クラブ制度に根差す報道上の欠陥を上杉氏が指摘しているのはそのとおりである。しかし、読者がこの文章を目にして抱く素朴な感想は、まず批判されるべきは、それらの曖昧不確実な情報を既存メディアに提供し続けていた側であろう」(同上: 66)とのべているが、たしかに、タレながしをはじない記者クラブ制度の腐敗ぶりはともかく、しれっと、ウソをたれながして責任をとらない政府の倫理観の欠落はあきれかえるものであり、こういった姿勢が典型的な「エリートパニック」であることは論をまたない[10]。そして、山地ののべるとおり、ゴジラ映画は、60年ちかくたっても、大衆的パニックをおそれて隠蔽にはしろうとする官僚制や政府の体質＝病理を予言していたともいえる。『モスラ』が不気味な支配構造を皮肉ったように、SFという虚構作品ゆえに、タブー化した政治的現実をえがきうることがあるし、それが普遍的病理を辛辣に批判することもあるということだろう。オーウェルの『1984年』が、ICT（情報通信技術）の急速な進展ゆえに、単なるフィクションではなく、「監視社会」の予言となってしまっているように、素朴な本質的把握となっていると。あるいは、人間同士のたたかい

---

**10**　エリートパニックというよりは、単なる情報操作だろうが、マイケル・ムーア監督作品『華氏911』が暴露したように、イラク戦争開始の大義名分など不在だったが、これらはアメリカの歴代政権がベトナム戦争当時のにがい経験から、湾岸戦争以降、徹底的に情報統制をはたらかせて、世論を政策的に操作する体質であることをしめしている。さまざまな詐術は、後年公文書館で確認することはできるが、歴代政権は、在任当時にいっさい責任をとらずに、デマゴギーに徹することができるということだ。

ではなく、宇宙人や怪獣を撃退するという設定によって正当化される大量破壊兵器が、実際に軍官僚たちによって、構想・開発がすすめられている可能性などもナンセンスとはいえないだろう。アイザック・アシモフがSF上の「ロボット工学の三原則」[11]を提案しな

---

[11] 「ロボット工学三原則（ロボットこうがくさんげんそく、Three Laws of Robotics）とは、SF作家アイザック・アシモフのSF小説において、ロボットが従うべきとして示された原則。ロボット三原則とも言われる。人間への安全性、命令への服従、自己防衛を目的とする3つの原則から成る。アシモフの小説に登場するロボットは常にこの原則に従おうとするが、各原則の優先順位や解釈により一見不合理な行動をとり、その謎解きが作品の主題となっている。ロボット工学三原則は後の作品に影響を与えたのに加え、単なるSFの小道具にとどまらず現実のロボット工学にも影響を与えた。

・第一条　ロボットは人間に危害を加えてはならない。また、その危険を看過することによって、人間に危害を及ぼしてはならない。

・第二条　ロボットは人間にあたえられた命令に服従しなければならない。ただし、あたえられた命令が、第一条に反する場合は、この限りでない。

・第三条　ロボットは、前掲第一条および第二条に反するおそれのないかぎり、自己をまもらなければならない。

— 2058年の「ロボット工学ハンドブック」第56版、『われはロボット』より [1]。

　ロボット工学三原則（以下、三原則）は「ロボットシリーズ」と呼ばれるアイザック・アシモフのロボット物SF小説の主題として表れた。アシモフ以前のSF作品には現在ではフランケンシュタイン・コンプレックスと呼ばれるテーマ、すなわちロボットが造物主たる人間を破滅させるというプロットがしばしば登場していた。これに対しロボットの安全装置として機能するのがロボット三原則である。作中において三原則はミステリの構成要素となっている。しばしば、ロボットは一見不合理な行動をとるが、その謎は三原則に沿って解き明かされていく。

　現実の応用においては、三原則を現在のロボット工学における理解では、そのままロボットに適用するとフレーム問題を引き起こすと推測されている。

がら、実際の軍事技術は、そういった倫理観などもちあわせなかったように(アシモフ2004)。

一方、在日米軍を不自然なかたちで排除した「ゴジラ」シリーズなどに着目することは、オタク的な関心からの無矛盾の追求とか、佐藤健志ら右派的な解釈からの非難とは別に、タブーの存在をうきぼりにするだろう。大都市が広範に破壊される設定のなかで、旧江戸城など、不自然なことに破壊対象にならなかったランドマークの共通性とか、破壊された原発施設がもたらすはずの被曝リスクが、どのように誤魔化されているのか、など、虚構ゆえに自由で恣意的な設定が可能だからこそ、制作陣が直視を回避した「テーマ」が皮肉にも、うきあがるはずである。

さらにいえば、原発をおそうゴジラなどをみれば、原発施設が長距離ミサイルほか、さまざまな攻撃に対して脆弱性をもち、それが

---

　三原則を安全・便利・長持ちと読み替えることで家電製品にも適用できることが知られている。また人間の道徳律にもあてはめることができる。三原則の理念はその後のロボット作品に影響を与え、ロボットやサイボーグなどがアイデンティティーの確立や人間との接し方などでジレンマを感じ苦悩するといった材料ともなった。

　アシモフは三原則だけでは解決しえない命題も提示している。『ロボットと帝国』では第1条の人間を人類に置き換えた第零法則が登場した。そこからは「人間」とは、「人類」とはなにかと言う問いも生まれる。

　ロボット三原則が適用されるのは自意識や判断能力を持つ自律型ロボットに限られており、ロボットアニメに登場する搭乗型ロボットなど自意識や判断能力を持たない乗り物や道具としてのロボットに三原則は適用されない。現実世界でも無人攻撃機などの軍用ロボットは人間の操作によって人間を殺害している道具であるが、自意識や判断能力を持たないため三原則は適用されていない。〔……〕

　[1]アイザック・アシモフ『われはロボット』小尾芙佐訳、早川書房〈ハヤカワ文庫〉、1983年1月(原著1963年6月)、5頁〔……〕」

(ウィキペディア)

大都市部から遠距離にあろうと一旦破壊されれば破局的な事態にいたるだろうことが想起されるはずである。テロ有事を想定した避難訓練をアリバイ的にはおこなうものの、本気ではない政府・自治体とか、攻撃にきわめて脆弱だろう原発施設を海岸線に集中させるという、理解不能な立地＝「安全保障」体制といった問題には、全然想像力がおよばないらしい観客にとどまらず、たとえば、自衛力をうるさくいいたてる佐藤健志らの無関心ぶりの不自然さをかんがえることも意味がありそうだ。

また、南洋への欲望を観客たちとともにかくさなかった東宝映画制作陣たちが徹底的に排除した空間が、東アジア諸地域だったという点（【コラム6-1：ゴジラ映画から排除された大陸の政治的含意】参照）も、そのひとつである。アメリカに野望をうちくだかれた北太平洋の覇権（「南進」論）という潜在的テーマが再三作品化された一方、中国大陸などをテーマとすることを一貫してさけたのは、おそらく、委任統治領などとは正反対の、陰惨な軍事的現実を無視できなかったからだろう。円谷英二らがかかえた「地政学」的感覚は、おそらく戦中派の観客たちと共犯的なものがうかがわれる。重慶爆撃や南京大虐殺など、いまだに政治的に決着がつかず、日本側の無知・無理解が反日ナショナリズムを刺激しつづけるという悪循環の構図は、直視できない中国大陸・朝鮮半島というタブーとつながっている。琉球列島に存在しないかのような自衛隊・米軍という設定とともに。

ついでいえば、「南洋」の北端である琉球列島がごつごう主義的に援用されてきたのに、台湾付近があつかわれることもなさそうだ、という点もあげられるだろう。西表島など八重山諸島までは舞台となりえても、そのすぐ「対岸」にある台湾は、あたかも不在であるかのように無視される。それは、「ひとつの中国」論など、中国共産党や、以前の国民党政権などの地政学的名分論などもからん

で、戦没者とは別個の次元に属するが、帝国日本が植民地化し、あるいは勢力下においた地域のうち、「沖縄島」以南の「南洋」だけがあつかわれ、同時に、台湾だけはそこから巧妙に排除されるという、「特撮地政学」とでもいうべき問題は、無視できないはずだ。

## 【コラム 7-1：『キングコング対ゴジラ』がてらしだす無自覚なレイシズムの伝染】

　ミュソッフによれば、『キングコング対ゴジラ』(1962年) に登場するジャズ・ドラマーは、「パラオ島住民たちによる太鼓や、自分の胸を巨大なティンパニーのように叩いてみせるキングコングなどのイメージに連なるもの」だという。

> 　「これらのイメージは本多〔猪四郎監督＝引用者注〕自身は自覚していなかったかもしれないが、退廃の源としての黒い肌の人々という人種差別主義的な概念と結びついている。ジャズは単にアメリカの音楽なのではなく、ブラックアメリカの音楽であると日本でも見なされている。パラオの住民たちは、コングへの崇拝を表してドラムを叩き、踊り歌うが、ばかばかしく誇張された黒い体のメーキャップをした日本人俳優たちによって演じられている。
> 　キングコングは、「黒人に似ている」という、日本でも西洋でも最もなじみのある一般的な偏見のおかげで、このグループに違和感はなくはまってしまっている。」
> 　「見知らぬ訪問者たちに対し、彼らが銃を持っているのに槍を振りまわし、トランジスター・ラジオをプレゼントされると恐怖におののき、わずかばかりのタバコの贈り物で説得されてしまう地元民の愚かしさを、観客がおかしがって笑うという前提で、映

画は作られている。〔……〕この東京人のパラオの人たちに対する行動は、西洋の帝国主義の支配階級が、植民地の人たちにとったものとそっくりである。カーキ色のサファリ・ルックに身を包み、ヘルメットをかぶったTVの日本人スタッフは、大英博物館からアフリカやアジアの荒野に標本採集のため送り込まれた館員や採集人のようだ。さらに、彼らの行動と姿勢といったら、戦時中と戦後にアメリカ人たちが日本人に示したものになんと近いことか。〔……〕戦時中は、アメリカでは一般に、日本人は下等人種で猿のようなものだと喧伝されていたし、戦後にはアメリカの占領軍兵士たちが、自分たちの文明と文化的優越性の象徴と考えていたもの——チューインガムやチョコレートや民主主義——を日本人にばらまいていた。〔……〕欧米の探検家たちの服装をした日本人が、顔を黒く塗り、骨でできたネックレスをつけ、腰みのをつけた日本人を制圧しているという映画の構図は、西洋化された都会の日本人たちが地方に住む人たちを田舎者と笑うようすを思い起こさせる。」

(ミュソッフ＝小野訳, 1998: 147-8)

## 【コラム 7-2: ゴジラ映画史にとって有害無益な本質主義】

たとえば、『平成ゴジラ大全1984〜1995』は、1984年版ゴジラの制作陣の意図が多様であったことをうきぼりにしている。

「子供が夜、ゴジラのぬいぐるみを抱っこして寝る時代なんです。その平和ボケした日本人にとって、かつて味わった核の恐ろしさなんてすっかり消し飛んじゃってる。そんな平和ボケ、安定ボケした現代に核の申し子たるゴジラを復活させて、怖いぞ、怖いぞと言ってどうなるの？と、ここからの発想なんです。」

(しらいし編2003: 45)

こう回想した特技監督は、「ゴジラに核という属性をくっつけておこうと言ったのは友幸さん〔田中友幸東宝社長＝引用者注〕です。でも僕にとっては、ゴジラの放射能というのは都合のいい設定でしかないんだ」(同上: 46) とまで正直に内情を告白している。戦後世代、しかもこどもまでも標的に「平和ボケ」よばわりする戦中派監督。この構図を、世代交代による被爆意識の風化を冷静に認識していたとうけとれば一見きこえがいいが、ほかの特撮怪獣映画と通底する「都合のいい設定」のひとつが「放射能」幻想だったということだ。しかも、これは特技監督だけの異端的意見ではなく、監督も脚本家も核ばなれを主張していたのだから、結局一種の商業主義というべきだろう。

　一方、文芸批評家の高橋敏夫は、ゴジラを「水爆大怪獣」に還元するのは矮小化であるとし、「ゴジラが死ねない」のには、別の理由があるとする。「戦後の「死」が誰の目にも明らかになったとはいえ」それは「そこで生まれ堆積した諸問題の「死」ではない。いいかえれば、諸問題の「解決の死」であって」「諸問題の重さはむしろ増している。」「わたしたちは依然として「戦後」のうちに閉じ込められている。」「ますます、といったほうがよいかもしれない」とのべ、「ゴジラの「生」と「死」がトータルにとらえられ、そしてその根拠〔「戦後日本社会における「諸問題」の束」だと高橋はいう＝引用者注〕が消滅させられないかぎり『ゴジラ最終作』は、これからもいくどとなくくりかえされるであろう」と予言した (たかはし 1998: 54-5)。たしかに映画会社が確立したアイコン／ブランドとして、ミームが単純に再生産されるというより、都市化や環境破壊など、自然環境／社会環境における「フランケンシュタイン・コンプレックス」(アイザック・アシモフ) を人類、すくなくとも戦後日本はかかえてしまい、いまだ解決のみとおしなど全然たっていない点にこそ、ゴジラをはじめとする怪獣映画の再生メカニズムがあり

そうだ。

　すくなくとも、すでに紹介したとおり、加藤典洋が「なぜ『ゴジラ』がその後、50年にもわたって、28回も作り続けられねばならなかったのか。」「いったん、『ゴジラ』が「不気味なもの」として存在してしまった上は、これを衛生化、無菌化、無害化し、戦後の社会に馴致しなければならない」と断言し、「戦後の日本社会が、戦争の死者たちと正面から向かい合い、自分たちと戦争の死者たちの間に横たわる切断面、ねじれを伝って、相手に繋がる、困難な関係性構築の企てに成功していたなら、ゴジラは、その根底において、もはや日本に何度もやってこなくてよい意味記号に変わっていた」(かとー2010: 168) とまでのべたのは、もっともらしい仮説によっぱらった妄想といえよう。高橋敏夫やツツイらがのべるような、アイコン「ゴジラ」のはらむ多義性やイメージの柔軟性や、時代的推移などが、からまりあうかたちで、「ゴジラ」シリーズはよくもわるくも、多様性・多義性をかかえた集合体なのだ。

　アメリカ版CGゴジラを例外とすれば、「マッチョな巨大トカゲに扮し、日本の都市に向かわずにいられない、ゴム装着ぐるみスタントマン」という不可欠のスタッフを主役に、「スケールがでかく、てらいがなく、時間を超越しているところ」とツツイが抽出してみせた一貫性だけがかろうじて基盤となった作品群なのである (ツツイ 2005: 64)。なにより、ゴジラ・ファンの代表格であるツツイ自身が愛情をこめつつも「1954年版『ゴジラ』はさておき、他のゴジラ映画に「奥深い意味」を見いだすのは、至難の業だろう」(同上: 62)、「24作を超えるゴジラ映画のすべてのストーリーにおける連続性、はっきりとした寓意的シンボリズム、作品ごとの筋の通ったメッセージ性を追究しようとした物書きもいるが、それは無茶な話だ」(同上: 111) と評しているのが、「ゴジラ」シリーズなのだから。

# みじかい終章
## 怪獣作品の寓意と
## 怪獣論の政治性をとう意味

**本章のあらまし**

怪獣作品が、なぜ、かくもながく批評家をつかんではなさぬ求心力をかかえていたのかは、あきらかにならなかった。しかし、マンガやアニメと同様、サブカルチャーの一種として軽視してよい作品群ではなく、思想史的対象として真剣に検討すべき一群なのだ。それは、再三のべたように、制作陣・観客・批評家たちが充分意識してこなかった含意もふくめて解析にあたいする。そして、それがアメリカなどのパニック映画とは異質である要因は、もちろんアジア太平洋戦争という体験、そして戦後の冷戦構造において、加害・被害両面をかかえた国民が生産・消費したという経緯をぬきには説明できない。それはおそらく、ナチズムやパレスチナ問題などで、被害・加害両面をかかえた、ドイツ国民やユダヤ系市民と通底する戦中・戦後体験の産物だ。

　今回は、特撮怪獣映画の特徴的な作品にしぼった議論しかできなかったが、宇宙人が出現する「ウルトラ」シリーズとか、仮面ライダーなど人造人間などの日本作品の含意とか、ロボットなど欧米とも共通点がある広義の「フランケンシュタイン・コンプレックス」やサイバーパンク作品などとの関連性をとわねばならないことは、あきらかだ。

　同時に、高橋敏夫が指摘したとおり、「ゴジラ」シリーズが、初代ゴジラの提起した問題から逃避しつづけたという逆説（怪獣作品が、その圧倒的な原存在を追求することなく、環境汚染など社会問題描写の素材・フレームとされるといった、「怪獣論」へと変質してしまう）もわすれてはなるまい。

すでに何度ものべたとおり、こどもむけSF映画に物理的・政治的なリアリズムを要求し、不自然さ・非一貫性などをとがめだてするのは、ないものねだりである。したがって、なぞときゲームとして、一貫性をもちうる解釈をかんがえだすとかでないかぎり、制作意図や寓意、制作陣が充分意識せずに表現してしまった含意（政治性）や可能性などをさがしだすとか、興行上の結果の含意、後世の作品への影響のいかんなどが、一般的な批評の素材となるはずである。

　本書においては、既存の批評を再検討することをもとに、制作陣が充分意識せずに表現してしまった含意（政治性）や可能性などをさがしだす作業の「おちぼひろい」をするとともに、批評者たちの無自覚なナショナリズムや地政学的感覚をあきらかにすることとなった。それにより、批評家たちが児童むけフィクションの設定にケチをつけたり、具体的な寓意を執拗にもとめたり、右派たちのように、みずからの軍備増強論に援用したりするさまが確認できた。結局、かくも批評家たちをあつくさせた求心力がなんであったのかは、あきらかにはなっていない。しかし、筆者が、ジョージ・オーウェルの『1984年』に30年にもおよぶ年月ずっとひかれつづけ、おりにつけて現実社会を批判するための寓意をさがしてきたように、「パニック映画」の一部は、ひとびとを冷静でいられなくさせるらしい。そして、戦後日本文化の不可欠の一部である特撮映画は、マンガやアニメーションとならんで、かろんじていいサブカルチャーとはいえない思想性をおびているとおもわれる。

　特に、「後発」かつ「有色」の「帝国」を形成し、覇権闘争にやぶれ占領経験さえも近現代史にきざみこんだ日本国民は、加害／被害の二重性をおびた存在である。ナチズムに蹂躙されたアシュケナージムのサバイバーたちが、戦後シオニストとして一転攻撃者へと変貌をとげた事例や、ナチズムの清算を徹底追及したドイツ国民

とはまったく異質な復興劇を演じた戦後体験との対比もふくめて、戦後の大衆文化は、単なる娯楽作品としてかたづけられない含意をおびてしまうのだ。水爆実験の被害や原爆投下を体験し、一度解体された軍隊が復元された1945〜54年当時。その痕跡は、いくら世代交代や興行上の論理がおおったところで、けしされるものでなさそうだ。底流に水脈のようなものがうずまいているからだろう。

今回は、特撮怪獣映画、とりわけ「ゴジラ」シリーズと「モスラ」シリーズの議論にほとんど終始したが、宇宙人との接触をえがいた「ウルトラ」シリーズや、人造人間という設定をえらんだ、「サイボーグ009」や「仮面ライダー」のような作品群のもつ寓意や、政治性は、怪獣対人間とか、怪獣同士のたたかいとは、異質な政治性をおびているだろう[1]。特に、アシモフらが提起したロボットものをめぐる「フランケンシュタイン・コンプレックス」(おの2009) や、フィリップ・K・ディック／ウィリアム・ギブスンらのサイバーパンクと、『AKIRA』『攻殻機動隊』などのマンガ・アニメとの関連性は、軍事技術や福祉工学、バイオテクノロジーの進展などとともに、

---

**1** たとえば、特撮評論家で「ウルトラ」シリーズなどにくわしい神谷和宏は『ウルトラマンと「正義」の話をしよう』『ウルトラマンは現代日本を救えるか』をあらわした。それぞれ、寓意を分析しているわけだが、後者の出版社によるコピーが「1960年代から半世紀以上に亘って作られ続けている『ウルトラマン』シリーズ。作品に描かれた「都市」「若者」「少年と家族」の移り変わりから、「エネルギー問題」「無縁社会」「情報過多社会」など、現代日本の社会問題の萌芽と解決策を探る"ウルトラマン年代記"」とあるのは、まさに舞台設定や展開が、現代社会を反映しており、半世紀以上の戦後日本の推移がえがきだされているという確信があるからだろう (かみや 2011, 2012)。また、ウルトラマンタロウ (和智正喜 訳) という形式をかたった『ウルトラマンの愛した日本』も、ウルトラマンからウルトラマンサーガまでの半世紀ちかくの現代日本をふりかえる作品といってよい (ウルトラマンタロウ 2013)。

さらには科学技術社会論（Science, technology and society; STS）的な危機感とともに、再検討すべき時期にきているのかもしれない。ダナ・ハラウェイの『猿と女とサイボーグ』などがえがくように、人体と機械、人間と非人間の境界線があいまい化していく現代にあって、フィクション作品がどのような意味をもつかといった観点である (ハラウェイ=高橋訳, 2000)。

こういった構想は別に奇異なものではない。たとえば何度か紹介した高橋敏夫は、「フランケンシュタイン・コンプレックス」という表現こそえらんでいないものの、「ゴジラ映画もまた、怪物物語の元祖である『フランケンシュタイン』を模倣している、といってよい」とのべ (たかはし 1998: 96)、「フランケンシュタインは、怪物がその卵の黄身のようなどろりとした目を開けた瞬間から、すなわち人工生命の誕生から、もう怪物を正視していない。ただその怪物から遠ざかることだけを願っている。」「なにかとてつもないものをつくってしまった――フランケンシュタイン博士の恐怖、忌避、そして殺意は、『ゴジラ』の隻眼の科学者芹沢博士のそれでもある」とした (同上: 96-7)。さらに高橋は、作品中の登場人物たちだけではなく、ゴジラ映画制作陣にこそ「フランケンシュタイン・コンプレックス」をみてとるのである。戦後大衆社会において自分たちの想像をはるかにこえた「なにかとてつもない存在」(同上: 101) へと成長し、まさに全容の理解はもちろん制御不能となった、なにかからの逃避だというのである。

高橋によれば、「第一作『ゴジラ』の後、はやくも、ゴジラ映画のゴジラからの逃亡がはじまる。ゴジラという存在にむきあうことをゴジラ映画はやめてしまう。」「そのようなゴジラ映画はもはやゴジラ映画ではない。ゴジラ映画はゴジラを回避して、対決怪獣に関心をずらした怪獣映画になっていく」とする (同上: 101-2)。60年代、70年代の「ゴジラ」シリーズにおいて「対決怪獣中心の怪獣

映画」へと変質した（逃亡しつづけた）のち、第1作から30年めの『ゴジラ』(1984年）では原点回帰をはかったが、意気ごみは空転し、「1984年の『ゴジラ』は、1954年の『ゴジラ』に接近しようとしたがゆえに、ゴジラ映画ならぬ「ゴジラ論」映画になってしまった」と (たかはし 1998: 104-5)。

> 「84年版『ゴジラ』のなかの、ゴジラをめぐる生物物理学者〔……〕の話の一部は」「ゴジラ出現の理由から、核とのかかわり、食性、帰巣本能、そして、「モンスター」という言葉の由来をおさえた「警告」説にいたるまで、84年版『ゴジラ』には、「ゴジラ論」がいたるところにちりばめられている。まるで、「ゴジラ論」が途切れればゴジラという存在が消失してしまうとでもいうように。」
> (同上: 109)

高橋は第1作『ゴジラ』がしめした「現代に突如出現する恐竜スタイルの怪獣ゴジラ」とは、「信じがたい「怪事件」が眼前に展開している。この現実性こそ重要であって、科学的な真実性ではない。この出来事の現実性においては、科学の真実性はすでに破産している」という、想像を絶する、問答無用の圧倒的存在——高橋の表現によれば、「われわれの時間」に突如として出現した「恐竜の時間」であった (同上: 109-10)。ところが1984年では、出現や襲撃などを説得的に説明しようといった、小細工ばかりが前面にでていると。しかし、こういったうんちくの横行は、高橋によれば第2作『ゴジラの逆襲』でゴジラとたたかう「アンギラス」の描写が「ゴジラをはるかにうわまわる詳細さ」として登場していると (同上: 112-3)。「恐竜の存在、恐竜の時間とはなにか。それらと交叉してしまう現在の秩序とは、いったいなにか——そのような『ゴジラ』の問いかけを、「恐竜は恐竜にまかせよ」（怪獣は怪獣にまかせよ）という安定した

物語のなかにかき消すためにアンギラスは登場した」と高橋はきりすてる (たかはし 1998: 113)。「後に、「ゴジラの最大の敵はゴジラ（メカゴジラ）」という物語へと純化してくことになる。そう考えれば、ゴジラ映画は、第2作目ではやくも、ゴジラを悪しき自己言及の罠のなかに投げ捨て、ゴジラからも逃亡を開始していた」と (同上)。

高橋は『ゴジラ対メカゴジラ』（1974年）や『メカゴジラの逆襲』（1975年）などもふくめて、「対決」ものそれぞれは「興味深い物語」である一方、「自己が自己を問う」という物語が「どうして恐竜スタイルの怪獣をつうじてでなければならないか、という問いかけ」を欠落させているとのべる。その結果、1984年版での原点回帰をへても、その後「平成期」も「対決怪獣映画」がくりかえされることになる。高橋によれば、

> 「それらは、ゴジラ映画と「ゴジラ論」映画との関係に似た、「怪獣論」映画であった。バイオテクノロジーの恐怖、大国日本のバブル企業の横暴、環境破壊、核物質の恐怖、宇宙汚染、そして、オキシジェン・デストロイヤーの記憶等々が、つぎつぎに怪獣をとおして語られていく。「怪獣論」映画はまた「怪獣をとおした大問題」映画でもある。怪獣でさえ「怪獣論」なしには存在できなくなっていたといえるだろうか。」 (同上: 115)

「もちろんこれらの「大問題」が無意味なわけはない。まさしく大問題である。

しかし、なぜそのような「大問題」が怪獣をとおして語られねばならないか。

そもそも、恐竜スタイルの大怪獣ゴジラのいる映画でなければならないのか。

大問題があって怪獣がいて、ついでにゴジラがいるのではなく、ゴジラや怪獣の存在が、それだけが「大問題」をあきらかにする

ということが必要ではないか……。しかし、ゴジラ映画では当然なされてしかるべきこうした問いへの答えは、それらの映画からはまったく聞こえてこないのである。

　そのかわりに、新しい映画のたびに強力になっていく自衛隊が、ほとんどサイキック映画とみまごうばかりの超能力女性および超能力子供たちが、ただめだつばかりである。

　いうまでもなく、このような奇妙な展開は、『ゴジラ』のゴジラを遠ざけたところからはじまった。

　ゴジラ映画の歴史は『ゴジラ』のゴジラからの逃亡の歴史なのである。」
(たかはし 1998: 117)

かりに「東宝が生み出したドル箱キャラクターであり、シリーズ化が大成功を収めはじめた62年の「キンゴジ」以降〔……〕水戸黄門型の「定番」シリーズ化の産物であった」(萩原能久)という経済的現実があったとはいえ、単なる商業主義による迷走ではかたづけられない歴史的経緯を、高橋はみごとに整理してくれているといえよう。この高橋の議論(高橋は、このほかにも、日米比較や水爆イデオロギーの含意など、重要な指摘をたくさんしているが)は、制作者たちの無自覚な迷走はもとより、無数のゴジラ論、怪獣論の欠落部分をうめる鋭利なきりくちだが、管見では、なぜかあまり参照されているようにみえない。

　たとえば、高橋による、第1作『ゴジラ』と、その着想の重要なきっかけとなったとされる『原子怪獣現わる』の比較作業もいちいちみごとなのだが、つぎのような対照は、「ゴジラ」シリーズによってオタク化したアメリカ人のおおくもみのがしている点で、日米の「怪獣」受容の根本的な差異なのではないか。

　「ゴジラは人を喰わない。ゴジラは都市を破壊する怪獣である。

だから、ゴジラが都市を破壊するシーンはじつにながい。『原子怪獣現わる』の10倍以上の時間を費やして、ゴジラは都市を破壊する。ゆっくりと移動しながら、徹底的に都市を破壊していく。踏みつぶし、押し倒し、尻尾をたたきつけるといった行為のほかに、口から放射火炎（熱線光線）をはく。都市は破壊されるとともに一面火の海と化すのである。かたちあるものすべてが焼尽されていくさまは、ほとんど無音の世界の出来事のようである。

だから逃げていく群衆は、生活に必要なあらゆるものを持ってどこまでも逃げていく。逃げていく群衆の上にゴジラの巨大な姿がおおいかぶさるという図ではなく、画面にはいりきらないゴジラの身体のはるか遠くに逃げていく群衆がちいさくうつしとられるという図である。『原子怪獣現わる』の怪獣と人々の図をはるかに超えた大きさなのである。〔……〕

『原子怪獣現わる』の怪獣が「人々」（それぞれの人の表情がわかる）にむかうのにたいし、『ゴジラ』のゴジラは「人間」にむかい、人間がつくりだした「都市と文明」にむかっている、といえよう。人々にむかう怪獣が「異生物・動物」型であるなら、社会にむかうゴジラは「人間」型である。ゴジラは、同時代の人間によってつくりだされた、人間自身を破壊し、問い直す怪物である。

それゆえだろうか、『原子怪獣現わる』の怪獣の最期は人々のよろこびをもたらすが、『ゴジラ』におけるゴジラの終わりは、人間の深いかなしみにつつまれている。そして、「あの、ゴジラが、最後の一匹だとは、思えない」と語られる。

ゴジラが同時代と社会と人間にかかわるのなら、ゴジラは死ぬわけにはいかないのである。」 （たかはし 1998: 148-9）[2]

---

[2] なお、『初代ゴジラ研究読本』の「撮影台本決定稿＆ピクトリアルスケッチ」

「水爆にたいして不安を抱く科学者トム、そして「原子力」の平和利用である放射線アイソトープ治療の第一人者である科学者トム〔……〕は、恐竜を追い詰め、最後には「やっつける方法はたたひとつ、放射線アイソトープを体内にたたきこむのだ」と提案、マンハッタンの遊園地でついに恐竜をしとめるのである。
　原子力の不安は原子力によって消すことが可能だ、という楽天的な見方がここにはあるだろう。しかも、その楽天性は、もうひとつの原子力利用を攻撃的な武器にかえることを正当化するのである。
　『原子怪獣現わる』の終わりにあらわれるのは、トムを中心とした人々のよろこびと、燃え盛る火のなかで静かに息絶える恐竜である。ここには、原子力の不安は原子力によってこえられたという安堵の思いがあるとともに、ではその「不安」によってひきだされた「恐竜」はただ静かに死んでいくしかないのかという、低いつぶやきがかすかにきこえている。〔……〕
　しかし、ゴジラ映画にはそのような「原子力」にたいする両義的なうけとめ、さらには楽天性は、まったくうかがえない。
　ゴジラ映画には、ただ水爆（実験）にたいする不安と恐怖と憎悪がある、といってもまちがいないだろう。」　　　　（同上: 195-7）

いかがだろう。これまで、たくさんのゴジラ論を紹介したが、その相当数が無効化したことが確認できたとおもう。そして、高橋の議論を最後に紹介したのは、いまだに解決されていないだろう課題

---

には、「その口には血のしたたる牛を喰えている」「ゴジラがぐっと身をかがめたと見るや、その爪にすくい上げられた山仕事に出掛けた娘の姿」「かすかに娘の絶叫が聞こえたようである」とあり、「ゴジラは人を喰わない」と断言できるかは、微妙である（ともいほか編 2014: 294）。

の整理作業をはじめるためである。

　第一に、高橋の議論などをふくめ、射程のながい分析・文明論が充分に参照されないまま、「怪獣マニア」「SFマニア」などが、かなり無責任、ないし不毛な持論を展開してきたことに終止符をうつべき時期にきているということ(「おあそび」でない批評をしているつもりなら)。

　第二に、ゴジラを軸とした大怪獣映画というジャンルの政治性を整理しつつも、それをふくむ「モンスターもの」を、日米両国にとどまらない、より一般化した時空で、広義のSF作品群のなかに位置づけること。

　第三に、本書でこころみたように、怪獣論自体がはらむ政治性、政治性をかたる論者の無自覚な政治性を徹底的に解析すること。

　こんなことを、かきおえておもいついた。本書が、既存の議論の整理ノートとして機能し、より生産的な議論のたたき台となることをねがう。

# あとがき

　「ゴジラ」シリーズのなかでとりあげられた琉球列島のイメージを検討するという報告をおこなう機会をさる10月にえた（沖縄文化研究会；OCST）。本書はその報告資料を作成するためにかきはじめたものの「副産物」である。1回きりの、それも1時間ほどの報告のための資料づくりをすすめいった副産物が、こういった分量をなしてしまったのだから、はずみというのは、ある意味おそろしい。一方、とりついたようにキイをうたせてくれるデーモンには、感謝しなければならない。だれかのために、ただちにやくだつことはなくても、自分の思考の整理になり、不勉強を自覚し、最低でもデータベース的なものはできあがるのだから。

　本書は、冒頭でことわったとおり、少々ながいだけでなく、うまく整理がついていない研究ノートのたぐいである。「もうすこし簡潔にできないか」というこえは、当然あがるだろう。しかし、その一方、先学の文章を無数に「きりぬき」した資料集の体をなしてもいる。整理・調理がへたであろうと、素材は、かなりつかえるのではないか？　あつめがいがあった記憶は、単なる自己満足にとどまらず、ちいさな自信をもたらしてくれた。「かりに、自分の直観・錯覚を合理化・正当化しようとした恣意的な文献の引用であろうと、引用されてきた文章はもとより、すくなくとも文献リストはムダではなかろう」といったぐあいに。

　本書は、これも冒頭ちかくでことわったように、対象を大怪獣にしぼって議論をした。「ゴジラ論」論に徹していないことはもとより、「怪獣」現象を膨大な作品とむきあって網羅的・体系的に論じよう

といった、大それた構想はもとよりもっていない。等身大で、あつかえる範囲で、比較的メジャーな素材・話題に限定しても、それなりのボリュームを形成してしまうという一例として、ご理解いただければさいわいだ。

『愛と執着の社会学』という本のなかで、ペット・家畜はもとより、野生獣などとのつきあいかたをとりあげた（ましこ2013）。その延長線上で、『琉神マブヤー』の自然観にスポットをあて、いわゆる「マジムン」（怪物）たちの含意・寓意を分析してみたが、今回の本書は、その延長線上にある。『琉神マブヤー』論をものしたことが沖縄文化研究会のかたたちにつたわらなかったら、研究会報告はありえなかったし、もちろん本書もうまれることがなかった。その意味では、「異形」の存在に対する人間の恐怖・不安・差別などの感覚、たとえばNPO「ユニークフェイス」などがかつてとりくんだ被差別者の運動などともからんで、本書のなかでかきちらした論点は、なんらかの意味をもちうると信じている。

異民族、たとえば、来航したペリーが鬼面として浮世絵にかかれたような集団間の接触のしかた。それは、過去の移動手段が貧弱だった時代がおわり、グローバル化が急速にすすむ現代社会でもおきうる、排外主義的感覚と通底している。「理解しがたいもの」「不安をかきたてるもの」……そういった点で、怪獣ものはもちろん、怪人・宇宙人が登場するヒーローもの／ヒロインものは、単なるパニック映画にとどまらず、われわれの不安の産物でもある。「ホラーもの」「ノワール」などとならんで、「こわいものみたさ」という、被虐的感覚の健全性はおくとしても、わたしたちが共有している「不安」こそが、これら作品・アトラクションなどをうみだしている。ファナティックな、あるいは冷酷なナショナリズムも、その背景には「不安」がひかえているだろう。そんな風にかんがえていくと、以前はやった「カルチュラル・スタディーズ」「ポストコ

ロニアリズム」周辺の議論を単なるバブルな流行で忘却するのではなく、視座や方法論を現代的に再利用する意義があるとおもえてくる。

本書は、「知識社会学」と副題にそえながら、あまり方法論的な議論をつめなかった。あいまいな読後感がのこるばかりでなく、「知識社会学」とはなんだったんだという、おしかりもうけそうだ。ここでは、ひとりの社会学徒が、その社会学的関心にそって、せっせと大怪獣論を収集し、そこにみじかくはないコメントをつけてまわったと、ご理解いただきたい（知識社会学の方法論的議論については、拙著『イデオロギーとしての「日本」』『知の政治経済学：あたらしい知識社会学のための序説』など）。

ここで、社会学の基本精神をごく簡単にまとめるなら、①近現代空間での変動と意外な秩序を解析する。②「常識的イメージ」の真贋を確認し修正をせまるだけでなく、実態とは少々ないし深刻にズレた常識イメージの構築プロセス・構造をあきらかにする。③できるかぎり「鳥瞰図」と「虫瞰図」の調和をとる。④可能なら近未来の変動を禁欲的にでも予想してみせる。こんなあたりだとおもうが、この、少量とはいえない「怪獣論」論が、社会学の体をなしているかどうも、読者の慧眼にゆだねたい。

個人的には、初期の「ウルトラ」シリーズのファンとして幼稚園・小学校低学年時代をすごし、「帰ってきたウルトラマン」（1971−2年）や「仮面ライダー」（1971−3年）のころには、完全に特撮ものから「卒業」した世代である。よくわからないながら「ウルトラQ」（1966年）に衝撃をうけ、「ウルトラセブン」（1967−8年）に感動し、菱見百合子さんにこっそりドキドキしていた少年だったことがおもいだされる。そして、怪獣・宇宙人が登場しない「怪奇大作戦」（1968−9年）が一番すきだったように記憶している。

それに対して、『ゴジラ』は『怪獣大戦争』(1965年) あたりから何作かみているはずの世代にありながら、まったく記憶がない。県庁所在地まで列車にのらないとみにいけない映画館には、つれていってもらえなかったのかもしれないが、そもそも映画鑑賞をする家庭環境ではなかったとおもう。

　その意味で本書は、マニアでないことはもちろん、特撮作品からもっともとおい人物による批評行為といえる。感情を害された読者もおられるかとおもうが、ご寛恕いただきたい。そして、事実誤認等があれば、ご指摘・ご批判をこう。

　本書は、特撮作品から早々に距離をおいてしまったことへの後悔の念がからまっている。同時に、大学で授業をもちはじめた初期の受講生たちが、すでに保護者として、児童たちとともに特撮作品の現代版をみる世代に達しているという、そんな個人的な時間の推移も回顧しつつ、この本はかかれた。「ウルトラマン」や「仮面ライダー」がメジャーデビューとなるタレントたちを自分のむすこのような世代としてみる年齢に達しつつあるのだといった感慨がわいてきた昨今なのである。


　最後に、暴走気味な馬車を柔軟に制御してくださった上山純二さん、ポップな装丁をこらしてくださった山野麻里子さん、そして石田俊二社長など、三元社のみなさまには、あつく感謝もうしあげる。

2014年11月10日
ベルリンの壁崩壊（1989年）から四半世紀の日を那覇市でむかえて

【刊行に際しての追記】
　本書最終校正中、金城哲夫などをめぐる議論の提出者のひとり大野隆之氏、逝去（3/30）の報があった。哀悼の意を表するものである。　2015年4月12日

# 参考文献

あかさか・のりお（赤坂憲雄），1992，「ゴジラはなぜ皇居を踏めないか」，町山智浩編『映画宝島　怪獣学・入門！』宝島社＝JICC 出版局

あきた・ひでお（秋田英夫）ほか，2014，『ゴジラ完全解読（別冊宝島 2207）』宝島社

アシモフ，アイザック＝小尾芙佐訳，2004，『われはロボット』早川書房

アシモフ，アイザック＝小田麻紀訳，2004，『アイ・ロボット』角川書店

アンダーソン，ベネディクト＝白石隆・白石さや訳，2007，『定本 想像の共同体：ナショナリズムの起源と流行』書籍工房早山

いけだ・のりあき（池田憲章），2014，『ゴジラ　99 の真実（ホント）』徳間書店

いさやま・よーたろー（諫山陽太郎），2006，『マンガ・特撮ヒーローの倫理学―モノ語り帝国「日本―」の群像』鳥影社

いちかわ・じろー，2014a，『「のんまるとの　ししゃ」（うるとらせぶんと　せんじゅーみん　1)』

（http://s.maho.jp/book/523813c001644f4b/5305182004/）

いちかわ・じろー，2014b，『しば - りょーたろー　と　おーえ - けんざぶろー」（うるとら - せぶん　と　せんじゅーみん　2)』

（http://s.maho.jp/book/523813c001644f4b/5305182005/）

いのまた・けんじ（猪俣賢司），2007，「南洋群島とインファント島―帝国日本の南洋航空路とモスラの映像詩学―」『人文科学研究』第 121 輯，新潟大学人文学部，pp.91-123

http://dspace.lib.niigata-u.ac.jp: 8080/dspace/bitstream/10191/6131/1/19..

いのまた・けんじ（猪俣賢司），2008，「南洋史観とゴジラ映画史―皇国日本の幻想地理学と福永武彦のインファント島―」『人文科学研究』第 123 輯，新潟大学人文学部，pp.81-111

http://dspace.lib.niigata-u.ac.jp: 8080/dspace/bitstream/10191/9618/1/123_81-111.pdf

いのまた・けんじ（猪俣賢司），2009，「有楽町高架線と南下する隅田川―ゴジ

ラ映画と小津安二郎の描く「郷愁の東京」1950年代—」『人文科学研究』第125輯, 新潟大学人文学部, pp.81-115

http://dspace.lib.niigata-u.ac.jp/dspace/bitstream/10191/9680/1/125_81-115.pdf

いのまた・けんじ（猪俣賢司），2010,「東京遊覧と南洋の反照としてのゴジラ映画史—成瀬巳喜男の『浮雲』とゴジラの歩いた戦後の東京—」『人文科学研究』第127輯, 新潟大学人文学部, pp.113-151

http://dspace.lib.niigata-u.ac.jp: 8080/dspace/bitstream/10191/13459/1/127_113-151.pdf

いのまた・けんじ（猪俣賢司），2012,「発光する背びれと戦後日本—核兵器とゴジラ映画史—」『人文科学研究』第130輯, 新潟大学人文学部, pp.1-29

http://dspace.lib.niigata-u.ac.jp/dspace/bitstream/10191/17744/1/

いわた・こーきち（岩田功吉），2001,「思想としてのウルトラマン—沖縄からの発信—」『沖縄文化研究』27, 法政大学沖縄文化研究所

うえすぎ・たかし（上杉隆），2012,『新聞・テレビはなぜ平気で「ウソ」をつくのか』PHP研究所

うえはら・しょーぞー（上原正三），1999,『金城哲夫—ウルトラマン島唄—』筑摩書房

うえはら・しょーぞー（上原正三），2003,「私の思い出・戦争・金城哲夫・ウルトラマン」『うらそえ文藝』第8号, 浦添市文化協会文芸部会

ウルトラマンタロウ＝和智正喜訳，2013,『ウルトラマンの愛した日本』宝島社

おーしろ・しんや（大城信哉），2009,「金城哲夫の作家的姿勢1 東京時代—テレビ映画脚本家としての金城哲夫—」『沖縄県立芸術大学紀要』No.17

おーの・たかゆき（大野隆之），2003,「金城哲夫論序説—「ウルトラマン」はいかに読まれてきたか—」『沖縄国際大学日本語日本文学研究』8(1), 99-120（http://ci.nii.ac.jp/naid/110004677461）

おーの・たかゆき（大野隆之），2004,「金城哲夫と沖縄—「ウルトラQ」を中心として—」『沖縄国際大学日本語日本文学研究』8(2), 29-49（http://ci.nii.ac.jp/naid/110004677546）

おかもと・ひろゆき（岡本洋之），2011,「永井隆はなぜ原爆死が神の摂理だと強調したのか？」『教育科学セミナリー』第42号, 関西大学教育学会

http://kuir.jm.kansai-u.ac.jp/dspace/bitstream/10112/4865/1/KU-1100-20110300-01(2).pdf

おざわ・りょーこ（小沢涼子）ほか編，2014,『オール東宝怪獣大図鑑』洋泉社
おの・しゅんたろー（小野俊太郎），2007,『モスラの精神史』講談社
おの・しゅんたろー（小野俊太郎），2009,『フランケンシュタイン・コンプレックス』青草書房
おの・しゅんたろー（小野俊太郎），2010,『大魔神の精神史』角川書店
おの・しゅんたろー（小野俊太郎），2014,『ゴジラの精神史』彩流社
かさい・きよし（笠井潔），2011,「3.11とゴジラ／大和／原子力」『3・11の未来 日本・SF・創造力』作品社
かさい・きよし（笠井潔），2012,『8・15と3・11　戦後史の死角』NHK出版
かとー・のりひろ（加藤典洋），2010,『さようなら、ゴジラたち―戦後から遠く離れて―』岩波書店
かとー・のりひろ（加藤典洋），2012,「ゴジラとアトム―一対性のゆくえ―」『ゴジラとアトム―原子力は「光の国」の夢を見たか―』慶應義塾大学アート・センター
かねこ・しゅーすけ（金子修介）／つかもと・しんや（塚本晋也），1999,「ゴジラvsガメラ　対話」『ユリイカ』第31巻第6号（通巻418号）青土社
かぶき・しんいち（冠木新一），1993,「ゴジラ映画年代記」，田中友幸・有川貞昌・中野昭慶・川北紘一・冠木新一・田中文雄『ゴジラ映画40年史ゴジラ・デイズ』（集英社），pp.27-82.
かぶしきがいしゃ れっかしゃ（株式会社レッカ社），2014,『怪獣学　怪獣の歴史と生態』株式会社カンゼン
かみや・かずひろ（神谷和宏），2011,『ウルトラマンと「正義」の話をしよう』朝日新聞出版
かみや・かずひろ（神谷和宏），2012,『ウルトラマンは現代日本を救えるか』朝日新聞出版
からさわ・しゅんいち（唐沢俊一），1999,「怪獣は東京を目指す　怪獣映画における都市」『ユリイカ』第31巻第6号（通巻418号）青土社
からさわ・しゅんいち（唐沢俊一），2001,「特撮のカリスマ」『文藝別冊　円谷英二』河出書房新社
からさわ・しゅんいち（唐沢俊一），2006,『ガメラ創世記　映画監督・湯浅憲明』エンターブレイン
かわもと・さぶろー（川本三郎），1994,『今ひとたびの戦後日本映画』岩波書店

きたの・けーすけ（北野圭介），2005,『日本映画はアメリカでどう観られてきたか』平凡社

きはら・ひろかつ（木原浩勝），2001,「ゴジラ映画はいかに演出されたか」『文藝別冊　円谷英二―生誕100年記念―』河出書房新社

きりどーし・りさく（切通理作），1991,「ウルトラマンと在日朝鮮人」,町山智浩編『異人たちのハリウッド』宝島社＝JICC出版局

きりどーし・りさく（切通理作），1992,「ウルトラマンにとって「正義」とは何か？　金城哲夫・上原正三・市川森一　それぞれの怪獣、それぞれの正義」,町山智浩編『怪獣学・入門』宝島社＝JICC出版局

くめかわ・まりお（粂川万里生），2012,「亡霊の生命―ゴジラ、モスラ、ウルトラマン―」『ゴジラとアトム―原子力は「光の国」の夢を見たか―』慶應義塾大学アート・センター

こーだんしゃ（講談社）編，2014,『キャラクター大全　ゴジラ　東宝特撮映画全史』講談社

こばやし・しんいちろー（小林晋一郎），1997,『形態学的怪獣論』朝日ソノラマ

こばやし・とよまさ（小林豊昌），1992,『ゴジラの論理』中経出版

サイード，エドワード＝今沢紀子訳，1993,『オリエンタリズム』（上下）平凡社

さとー・けんじ（佐藤健志），1992,『ゴジラとヤマトとぼくらの民主主義』文藝春秋

さとー・けんじ（佐藤健志），2008,『夢見られた近代』NTT出版

さとー・ゆーじ（佐藤裕二）ほか編，2014,『ゴジラの常識』双葉社

じっそーじ・あきお（実相寺昭雄），2006,『ウルトラマン誕生』筑摩書房

しまだ・ひろみ（島田裕巳），1992,「日本人は、なぜ自力で怪獣を倒せないのか」,町山智浩編『怪獣学・入門』宝島社＝JICC出版局

ソルニット，レベッカ＝高月園子訳，2010,『災害ユートピア』亜紀書房

たかお・なおとも（高尾直知），1999,「メディア怪獣サベツ登場―日米TV怪獣比較発生論―」『ユリイカ』第31巻第6号（通巻418号，特集　モンスターズ！）青土社

たかはし・としお（高橋敏夫），1998,『ゴジラの謎　怪獣神話と日本人』講談社

たかはし・としお（高橋敏夫），1999,『ゴジラが来る夜に　「思考をせまる怪獣」の現代史』集英社

たけたに・みつお（武谷三男），1982,『科学者の社会的責任』勁草書房

たつみ・たかゆき（巽孝之），1997,『恐竜のアメリカ』筑摩書房

たばた・まさひで（田畑雅英），2005,「なぜゴジラは都市を破壊するのか」大阪市立大学『都市文化研究』5, pp.16-29
http: //dlisv03.media.osaka-cu.ac.jp/infolib/user_contents/kiyo/111E0000014-5-2.pdf#search=

つしま・ともあき（津島知明），1992,"まれびと・ウルトラマン"再考』『新沖縄文学』第93号，沖縄タイムス社

ツツイ，ウィリアム・M.＝神山京子訳，2005,『ゴジラとアメリカの半世紀』中央公論新社

とーほーかぶしきかいしゃ（東宝株式会社）編，2012,『東宝特撮映画大全集』ヴィレッジブックス

ともい・たけと（友井健人）ほか編，2014,『初代ゴジラ研究読本』洋泉社

ながた・よしぐつ（永田喜嗣）「「ゴジラ論」の検証　①　日本型ゴジラ論」『青空帝国』2013/12/21 (http://blog.livedoor.jp/goldhagen-ikidane/archives/35817401.html)

なかむら・しんいちろー／ふくなが・たけひこ／ほった・よしえ（中村真一郎／福永武彦／堀田善衞），1994,『発光妖精モスラ』筑摩書房

ながやま・やすお（長山靖生），2002,「ゴジラは、なぜ「南」から来るのか？」『怪獣はなぜ日本を襲うのか？』（初出『映画宝島　怪獣学・入門！』宝島社＝JICC出版局，1992)

にしやま・とものり（西山智則），2012,「災害映像の詩学—ゴジラとポニョとＳＦ的想像力—」『埼玉学園大学紀要（人間学部篇）』第12号 (http: //www.media.saigaku.ac.jp/bulletin/pdf/vol12/human/02_nishiyama.pdf)

のま・のりかず（野真典和）／いとー・せーのすけ（伊藤誠之介）／とーもん・じんに（冬門稔弐），2000,『ゴジラ研究読本』株式会社パラダイム

のむら・こーへー（野村宏平）編，2004,『ゴジラ大辞典』笠倉出版社

のむら・こーへー（野村宏平），2014,『ゴジラと東京——怪獣映画でたどる昭和の都市風景』一迅社

ノリエガ，チョン・A.＝和波雅子訳，1999,「ゴジラと日本の悪夢—転移が投射に変わる時—」，ブロデリック編『ヒバクシャ・シネマ　日本映画における広島・長崎と核のイメージ』現代書館

はぎわら・よしひさ（萩原能久），1991,「ウルトラマンの正義と怪獣の「人権」」，SUPER STRINGS　サーフライダー21編『ウルトラマン研究序説』中経出版

はぎわら・よしひさ（萩原能久），2012,「ゴジラ—日本的な、あまりに日本的な—」

『ゴジラとアトム—原子力は「光の国」の夢を見たか—』慶應義塾大学アート・センター
はなだ・としのり（花田俊典），2006,『沖縄はゴジラか—〈反〉・オリエンタリズム／南島／ヤポネシアー』北書院
はやし・のぶや（林延哉），2008a,「ゴジラ：忘却の軌跡（その1）昭和期シリーズ』『茨城大学教育学部紀要　人文・社会科学・芸術』(57), 29-48
http://ir.lib.ibaraki.ac.jp/bitstream/10109/643/1/20080113.pdf
はやし・のぶや（林延哉），2008b,「ゴジラ：忘却の軌跡（その2）平成／新世紀シリーズ『茨城大学教育学部紀要．人文・社会科学・芸術』(57), 49-69
http://ir.lib.ibaraki.ac.jp/bitstream/10109/644/1/20080114.pdf
ハラウェイ，ダナ＝高橋さきの訳，2000,『猿と女とサイボーグ—自然の再発明—』青土社
ふじかわ・ゆーや（藤川裕也），2004,『ゴジラ・自衛隊決戦史：われ、ゴジラと戦えり』光山社
フライバーグ，フリーダ＝柴崎昭則訳，1999,「『AKIRA』—核戦争以後の崇高—」，ブロデリック編『ヒバクシャ・シネマ　日本映画における広島・長崎と核のイメージ』現代書館
ブロデリック，ミック，編著＝柴崎昭則・和波雅子訳，1999,『ヒバクシャ・シネマ　日本映画における広島・長崎と核のイメージ』現代書館
まえだ・てつお（前田哲男），1994,『自衛隊の歴史』筑摩書房
ましこ・ひでのり，2002,『日本人という自画像』三元社
ましこ・ひでのり，2003,『イデオロギーとしての「日本」』（増補新版）三元社
ましこ・ひでのり，2007,『たたかいの社会学』（増補新版）三元社
ましこ・ひでのり，2010,『知の政治経済学—あたらしい知識社会学のための序説—』三元社
ましこ・ひでのり，2013,『愛と執着の社会学』三元社
まちやま・ともひろ（町山智浩），1992,『怪獣学・入門』JICC出版局
ミュソッフ，ピーター＝小野耕世訳，1998,『ゴジラとは何か』講談社
むらい・おさむ（村井紀），1992,『南島イデオロギーの発生』福武書店
むらい・おさむ（村井紀），1994,『増補改訂版南島イデオロギーの発生』太田出版
むらい・おさむ（村井紀），2004,『新版　南島イデオロギーの発生』岩波書店
もとはま・ひでひこ（本浜秀彦），2001,「1972年前後のオキナワ表象——手

塚治虫・ゴジラ・ウルトラマン」『ユリイカ』2001 年 8 月号，青土社
もとやま・しょー（元山堂），1999,「ピノキオとしてのウルトラマン」『ユリイカ』
  第 31 巻第 6 号（通巻 418 号）青土社
やの・とーる（矢野暢），1979,『日本の南洋史観』中央公論社（千倉書房, 2009 年）
やまじ・りょーぞー（山地良造），2012,「1954 年制作の映画『ゴジラ』の諸相」
  『帝京平成大学紀要』第 23 巻第 1 号
  https: //lib.thu.ac.jp/webopac/catdbl.do?pkey=TC00000041&initFlg=_RESULT_SET_NOTBIB
やまだ・てるこ（山田輝子），1992,『ウルトラマン昇天―M 78 星雲は沖縄の
  彼方―』朝日新聞社
やまだ・てるこ（山田輝子），1997,『ウルトラマンを創った男―金城哲夫の生
  涯―』朝日新聞社
ヤマダ・マサミ，1999,「怪獣たちの黄昏　異形のものの系譜」『ユリイカ』第
  31 巻第 6 号（通巻 418 号，特集　モンスターズ！）青土社
やもと・まさゆき（八本正幸），2014,『ゴジラの時代』青弓社
よーせんしゃ（洋泉社），2011,『モスラ映画大全　モスラ公開 50 周年！モス
  ラ登場映画 13 作品を徹底解説！』洋泉社
よしい・ひろあき（好井裕明），2007,『ゴジラ・モスラ・原水爆　特撮映画の
  社会学』せりか書房
わうけいさお，2005,『なんだこりゃ〜沖縄！　マンガ・映画・雑誌の中の〈味
  わい深く描かれた沖縄〉を求めて』ボーダーインク

# 索引

(キーワードがないページでも内容であげてあります)

## あ

(ア) イコン 13, 15, 17, 19, 195-6
ICT（じょーほーつーしんぎじゅつ〔情報通信技術〕） 189
あおりこーい（あおり行為） 115
あくだま（悪玉） 85
アジアたいへーよーせんそー（太平洋戦争） 62, 74, 94, 197
アシモフ, アイザック 26, 190-1, 195, 199
アシュケナージム 198
あまえ（甘え） 81-7, 96, 109, 113, 118, 164, 171
あまみおーしま（奄美大島） 139-40
アメリカせんじゅーみん（先住民） 77
アメリカどーじたはつ（同時多発）テロ 33, 40, 59-60, 88, 111
あらぶるかみ（荒ぶる神） 33
アンダーソン, ベネディクト 150
あんぽじょーやく（安保条約） 9, 92-3, 117-8, 120-3, 133
いぎょー（異形） 13, 23, 25, 72, 179, 182, 208
いけざわなつき（池澤夏樹） 149
いさやまよーたろー（諫山陽太郎） 50-1, 145-6
いしがきじま（石垣島） 130, 149, 162
いしのもりしょーたろー（石ノ森章太郎） 25
いじん（異人） 135, 144, 146, 148
イスラーム 41
イスラエルせーふぐん（政府軍） 177
いちかわ・じろー 51
いにんとーちりょー（委任統治領） 140, 152, 157, 159, 181, 192
いのまたけんじ（猪俣賢司） 55, 136, 150-9, 169-71, 182
イラクせんそー（戦争） 41, 189
いれーのひ（慰霊の日） 40
『インディペンデンス・デイ』 71
インパクト 56-7
インファントとー（島） 135-6, 139-41, 149-59, 169-70
いんぺー（隠蔽） 44, 49, 63, 68-9, 74, 125, 129, 135, 142, 144, 159, 167-8, 171, 175, 177, 187, 189
いんぼーろん（陰謀論） 105
うえはらしょーぞー（上原正三） 51-3, 131, 135, 142-3, 146, 148-9, 162
うえはらてるお（上原輝男） 142
ウチナーグチ 143, 161-2
うちゅーじん（宇宙人） 25, 32, 85, 113, 115, 163, 184, 190, 197,

199, 208-9
うは（右派）イデオローグ 88
うは（右派）ブロガー 103-4
うらかみはんさいせつ（浦上燔祭説） 31, 62
「ウルトラ Q」 25, 209
ウルトラマンコスモス 179
「ウルトラ（マン）」シリーズ 16, 21, 23, 25, 51, 113, 142, 144-6, 183, 197, 199, 209
『エイリアン』シリーズ 71
えーきゅーせんぱん（A級戦犯） 104
えーれい（英霊） 27, 34, 44, 46, 52, 62, 118, 181
SFパニック 13
えだのゆきお（枝野幸男） 188
エリートパニック 115-6, 175, 187, 189
エンパイアステートビル 42
おーしろしんや（大城信哉） 53-4
おーのたかゆき（大野隆之） 50-1, 143, 168, 171-4
オキシジェンデストロイヤー 73, 96-7, 108, 114, 185, 202
おきなわかいよーはく（沖縄海洋博） 112, 130, 149-50, 160
おきなわじま（沖縄島） 40, 130, 147, 149, 160, 166, 193
おきなわしゅっしんしゃ（沖縄出身者） 52, 140, 142, 162
おきなわせん（沖縄戦） 52, 83, 103-4, 130-1, 140, 147, 165-6
おきなわぶんがく（沖縄文学） 50, 149

おしつけけんぽーろん（憲法論） 41
おとなだまし（大人騙し） 132, 175-6, 178
オニヒトデ 162
おのしゅんたろー（小野俊太郎） 17, 19-20, 22, 32, 34-5, 88, 120-3, 136, 139-40, 167-8, 177, 180, 199
オリエンタリズム 17, 135, 140, 143, 148-50, 153, 155, 159-60, 162-4, 171-3, 181
おりくちしのぶ（折口信夫） 142-3

## か

ガイアろん（論） 21
ガイガーカウンター 30, 69, 97
かいけんろん（改憲論） 41-2, 117, 127
がいこーとっけん（外交特権） 121
かいしゃく（解釈）ゲーム 27
kaiju 13-4, 23, 28
『かいじゅーおーゴジラ』（『怪獣王ゴジラ』） 63, 67, 70-1, 74, 78
『かいじゅーそーしんげき』（『怪獣総進撃』） 60-1, 132-3, 170
かいじゅー＝わるものろん（怪獣＝悪者論） 21, 27, 49
かいじょーほあんちょー（海上保安庁） 96
かいぶつえーが（怪物映画） 71-2
かいよーてーこく（海洋帝国） 181

かがいしゃいしき（加害者意識）　27, 45-6, 100
かがくしゃのしょーり（科学者の勝利）　58
かくこーげき（核攻撃）　66, 70
かくじっけん（核実験）　15-6, 65, 71, 154, 162, 175, 179, 182-3
かくせんそー（核戦争）　30-1, 39, 45, 63, 67, 181
かくちょーしゅぎ（拡張主義）　138
かくのかさ（核の傘）　40
かくのきょーい（核の脅威）　66
かさいきよし（笠井潔）　61-2
かそーてきこく（仮想敵国）　115
かちどきばし（勝鬨橋）　55, 58
かとーのりひろ（加藤典洋）　42-6, 61-2, 83, 119, 181, 196
かねこしゅーすけ（金子修介）　37
かふちょーしゅぎ（家父長主義）　49
かみやかずひろ（神谷和宏）　199
ガメラ　22, 37, 63, 80, 131, 136
「かめん（仮面）ライダー」　23, 25, 197, 199, 209-10
かやましげる（香山滋）　29, 100, 102
からさわしゅんいち（唐沢俊一）　37-8, 57-8, 179-80, 182
かんかく（感覚）マヒ　39, 168, 178, 183, 185
かんきゃくどーいん（観客動員）　89, 94
かんこーしげん（観光資源）　173
かんししゃかい（監視社会）　175, 189
かんとーだいしんさい（関東大震災）　40, 55
きく（菊）のタブー　57, 118
きしゃ（記者）クラブ　112, 189
ぎじゅつぶんめー（技術文明）　33, 39
ぎぜん（偽善）　39, 44, 47, 83-4, 103, 130, 172, 177
きそーほんのー（帰巣本能）　34
きはらひろかつ（木原浩勝）　54, 94, 120
ぎまん（欺瞞）　47, 83-4, 103, 138
ギャオス　37, 131
キャラクターしょーせん（商戦）　178
きゅーえどじょー（旧江戸城）　56-7, 118, 167, 191
きゅーせーひばく（急性被曝）　183
きゅーにほんぐん（旧日本軍）　123
キューバ・ミサイルきき（危機）　67
きゅーやくせーしょ（旧約聖書）　20
きょーいわさった（脅威は去った）　63, 69
きょーりゅー（恐竜）　28-9, 63, 76-80, 201-2, 205
きょーりゅーぶんがく（恐竜文学）　76
ぎょくせんどー（玉泉洞）　160, 163, 165
きょこー（虚構）　33, 51, 91, 130,

132, 140, 175-80, 186, 189, 191
きょせー（去勢） 81, 83, 85
きょだいたつまき（巨大竜巻） 19, 27, 32, 115
きょだいめーわくしせつ（巨大迷惑施設） 168
きりどーしりさく（切通利作） 53
キングギドラ 22, 35, 60-1, 89, 91, 131
キングコング 22, 42-3, 60, 86, 123, 181, 193
『キングコングたい（対）ゴジラ』 34, 57, 85, 181, 193
キングシーサー 149-50, 160, 163-6
ぎんざ（銀座） 55-6, 58, 95
きんじょーてつお（金城哲夫） 21, 25, 27, 49-53, 113, 131, 135, 142-3, 146, 148-9, 162, 168, 171-3, 178-9
ぐーい（寓意） 27, 33, 81, 91, 111, 122, 132, 175-6, 178-9, 186, 196-7, 199, 208
くーしゅーけーほー（空襲警報） 29, 55
くーしゅーのきおく（空襲の記憶） 29
くずりゅーでんしょー（九頭竜伝承） 79
くめかわまりお（粂川万里生） 16, 52, 146
グロテスク 25, 40, 48, 51, 146, 167
ぐんこくしゅぎ（軍国主義） 83-4, 112, 138

ぐんじ（軍事）ポルノグラフィー 108, 186
ぐんじりよー（軍事利用） 107-8
けーしょーごうんどー(継承語運動) 144
げんえー（幻影） 152-3, 187
『げんしかいじゅーあらわる』(『原子怪獣現わる』) 33, 68, 74, 78, 203-5
げんししゅーきょー（原始宗教） 139
げんしばくだん（原子爆弾） 30-1, 35-6, 40, 45, 58-9, 61-3, 65, 69, 71, 74, 92, 95, 99, 101-2, 104, 111-2, 118-9, 154, 180, 182, 184-5
げんしりょくはつでんえーきゅーほーき（原子力発電永久放棄） 126
げんしりょくはつでんしょ（原子力発電所） 10, 16, 39, 58, 115, 132, 183, 188, 191-2
げんしりょくむら（原子力ムラ） 188
けんぽーきゅーじょー（憲法9条） 31, 108, 111
けんぽーぜんぶん（憲法前文） 87, 108
げんばくじっけん（原爆実験） 183
ごーか（劫火） 19, 29, 31
こーきなるやばん（高貴なる野蛮） 160
こーきょ（皇居） 55-7, 119
こーどけーざいせーちょー（高度

経済成長) 90, 132, 145, 152, 156, 158-9, 181, 183
こーほーしえん (後方支援) 11, 44, 46, 104-5, 110, 147
こーみんかせーさく (皇民化政策) 171-3
こくどぼーえー (国土防衛) 85
こくれんぐん (国連軍) 125
Godzilla 14, 16, 18, 64, 67, 71, 75
『ゴジラ』(1984年) 16, 34, 82, 105-6, 109, 194, 201-2
ゴジラじゅよー (受容) 64-5, 72, 75-6, 78, 84
『ゴジラたい (対) メカゴジラ』 129, 149-50, 160, 163, 166, 202
『ごじらとやまととぼくらのみんしゅしゅぎ』(『ゴジラとヤマトとぼくらの民主主義』) 82, 99
『ゴジラ2000—ミレニアム』 34, 125
『ゴジラのぎゃくしゅー (逆襲)』 56, 118, 132, 201
『ゴジラ×メガギラス』 126
こだいもーそー (誇大妄想) 81, 91
こっかいぎじどー (国会議事堂) 56-8, 118
ごばく (「誤爆」) 44, 60
こばやししんいちろー(小林晋一郎) 21-2, 163-5
こばやしとよまさ (小林豊昌) 54, 56, 124-5
コマーシャリズム 61
ごらくさくひん (娯楽作品) 23, 81, 115-6, 118, 175, 199

# さ

ざいあくかん (罪悪感) 71, 181-2, 184
サイード, エドワード 17
さいがいあいこーしょー (災害愛好症) (カタストロフィ・コンプレックス) 38, 131, 184
ざいにちべーぐん (在日米軍) 111, 117-8, 122, 124-5, 129-30, 135, 146, 149, 166, 191
サイバーパンク 197, 199
「サイボーグ009」 199
さくしゅたいしつ (搾取体質) 173
さとーけんじ (佐藤健志) 34, 82-91, 93, 96, 98-100, 102, 110, 113-5, 118, 122-3, 128, 171, 191-2
さとーまさる (佐藤優) 45, 100, 102
さとーよしあき (佐藤良明) 141
さんかのきおく (惨禍の記憶) 109
『さんだいかいじゅー ちきゅーさいごのけっせん』(『三大怪獣地球最後の決戦』) 61, 151
GHQ 87
じいこーい (自慰行為) 111, 173
じえーたい (自衛隊) 10, 16, 81, 85, 87, 93-4, 96, 106-11, 117-8, 122, 126-30, 166, 168, 176, 192, 203
じえーたいいけんろん (自衛隊違憲論) 117, 129

シェリー，メアリー 26
シオニスト 198
じがぞー（自画像） 50, 78, 81, 172
じぎゃくしかん（自虐史観） 102, 105
じぎゃくてき（自虐的） 102, 105
じこぎまん（自己欺瞞） 39, 47
しっちかいふく（失地回復） 135, 139
してきしゃかいがく（史的社会学） 40
ジブリさくひん（作品） 10, 89, 132
しまおとしお（島尾敏雄） 139, 149
しまだひろみ（島田裕巳） 53
じゅーぐんいあんふ（従軍慰安婦） 41
じゅーご（銃後）のつま 46
しゅーせんのひ（終戦の日） 40
しゅーだん（集団）ヒステリー 26
じゅんしょくみんち（準植民地） 23, 105, 113
しょーこくいしき（小国意識） 83, 87
しょーちょーてきふくしゅー（象徴的復讐） 117
しょーびじん（小美人） 19, 121-3, 139, 151, 156-8, 177
しょーわてんのー（昭和天皇） 83-4, 104, 112, 119, 147
しょくみんしゃ（植民者） 39, 174
しょくみんち（植民地） 23, 38, 40-1, 45-6, 53, 77, 79, 83, 110-1, 117, 123, 137, 140, 142, 144, 146, 155, 159, 165, 171-4, 181, 193-4
しょくみんちぶんがく（植民地文学） 172, 174
『しょくん』（『諸君』） 82, 85
じょじし（叙事詩） 27, 34, 64, 88, 175, 177, 180
じょしてーしんたい（女子挺身隊） 46, 104
-zilla 75-6, 107
しん・あんぽじょーやく（新・安保条約） 120
じんしゅしゅぎ（人種主義） 138, 193
しんじゅわんこーげき（真珠湾攻撃） 59-60
じんぞーにんげん（人造人間） 15, 26, 197, 199
じんたいじっけん（人体実験） 65
しんたくとーち（信託統治） 138
しんべーほしゅ（親米保守） 41, 103-4, 146, 183
シンボリック 56, 72
すいばく（水爆） 9-11, 16, 26-7, 33, 43, 56, 59, 63, 65, 68-9, 71, 78, 81, 83, 92, 97-8, 114, 123, 125, 127, 132, 175, 183, 185, 195, 199, 203, 205
スーパーせんたい（戦隊） 23
スーパーマリオ 15
ステレオタイプ 17, 164, 172
ストックホルムしょーこーぐん（症候群） 111, 113-4
すみだがわ（隅田川） 54, 56, 125

せーかつほしゅしゅぎ（生活保守主
　　義）168, 177
せーかんざいじょーがく（政官財情
　　学）ペンタゴン 188
せーぎ（正義）のヒーロー 25
せーじりきがく（政治力学）91
せーどれー（性奴隷）45
せーなるとち（聖なる土地）167
せーぶつへーき（生物兵器）107
せーみつばくげき（精密爆撃）44
せきざわしんいち（関沢新一）
　　136
せきどーふきん（赤道付近）135-6
セクシスト 111
ぜっきょーがたじょゆー（絶叫型女
　　優）72
1954 ねん（年）9-11, 13, 15, 29,
　　32-3, 45, 54-5, 58, 65, 67, 82,
　　94-6, 99-100, 119, 125-6, 187,
　　196, 199, 201
『1984 ねん（年）』189, 198
せんごきょーいく（戦後教育）
　　101
せんそーせきにん（戦争責任）46,
　　63, 84, 95, 98-9, 104-5, 183
せんそーのきおく（戦争の記憶）
　　29-30, 98, 101, 134
せんそーはんざい（戦争犯罪）63,
　　84, 95, 102-3, 171
ぜんだま（善玉）85-6
せんちゅーは（戦中派）44-6, 100-
　　1, 180-2, 192, 195
せんのーこーさく（洗脳工作）59,
　　183
せんぼつしゃ（戦没者）34, 36, 40,
　　45, 52, 181, 193
ぜんめんきょーりょく（全面協力）
　　16, 81, 106
そーしゅこく（宗主国）167
ソドムとゴモラ 20
ソルニット, レベッカ 187
それん（ソ連）16, 41, 59, 63, 66-
　　7, 70-1, 186

## た

だいえーてーこく（大英帝国）
　　155, 181
だいかいじゅーえーが（大怪獣映画）
　　206
たいがんのかじ（対岸の火事）40,
　　63, 172, 177, 183-4
だいくーしゅー（大空襲）13, 27,
　　29, 119
たいこーしゅぎしゃ（対抗主義者）
　　72-4
たいこくいしき（大国意識）83,
　　87, 89-90
だいごふくりゅーまる（第五福竜丸）
　　9-10, 15-6, 29, 63, 65, 68
だいじしん（大地震）25, 95
だいとーあきょーえーけん（大東亜
　　共栄圏）46-7, 102-3, 155
たいふー（台風）27, 32, 95, 135-6
たいべーついじゅー（対米追従）
　　91
たいへーよーせんそー（太平洋戦争）
　　13, 23, 27, 34-5, 44, 83-4, 99,
　　102, 110, 112, 171
だいまじん（大魔神）19, 22-3, 25

たいりくかんだんどーだん（大陸間弾道弾）185
たいわん（台湾）44, 192-3
たかおなおとも（高尾直知）141-8
たかはしとしお（高橋敏夫）47-9, 58, 73, 92-3, 114-5, 131, 195-7, 200-6
たけたにみつお（武谷三男）58-9
たしゃか（他者化）17
だつにほんか（脱日本化）63, 74
たつみたかゆき（巽孝之）75-9
たなかともゆき（田中友幸）109, 195
たにがわけんいち（谷川健一）149
たばたまさひで（田畑雅英）28-31, 33, 38, 80, 95
だんかいのせだい（団塊の世代）44
ちがいほーけん（治外法権）41, 117, 121, 167
ちせーがく（地政学）11, 13, 23, 27, 29, 42, 66-7, 71, 84, 150, 155, 163, 167, 175, 192-3
ちてきすいみゃく（知的水脈）136
ちにちは（知日派）63-4, 68
チャンプルーぶんか（文化）161
ちゅーごくたいりく（中国大陸）135, 159, 169, 192
ちょーほーきてきせーど（超法規的制度）167
ちんこん（鎮魂）44, 163
ついたいけん（追体験）99
つしままるじけん（対馬丸事件）52
ツツイ，ウィリアム・M 14-5, 63-4, 75, 108, 165-6, 185-6, 196
つぶらやえーじ（円谷英二）52-4, 94, 102, 143, 148
デイゴ／ディーグ（梯梧）161
ディズニーえーが（映画）42, 167
てーこくしゅぎ（帝国主義）38-9, 41, 47, 84, 102-3, 141, 147, 182, 194
てーととーきょー（帝都東京）125
てづかおさむ（手塚治虫）58
テロふあん（不安）41
てんのー（天皇）メッセージ 112, 147
ドイツりょー（領）ミクロネシア 138
とーかいむらげんしりょくはつでんしょ（東海村原子力発電所）126
とーきょーさいばん（東京裁判）41, 84, 111
とーきょーだいくーしゅー（東京大空襲）31, 40, 45, 54, 94, 99, 102, 120, 154, 169
ドーキンス，リチャード 17
とーなん（東南）アジア 45, 155
とーほーさんだいかいじゅー（東宝三大怪獣）20, 22
とーやまる（洞爺丸）10, 16, 32
とくしゃ（特車）128-9
とくしゅぶたい（特殊部隊）126
どくぜんせー（独善性）41, 59-60, 91, 187

どくりつろん（独立論） 144
としはかい（都市破壊） 27-8, 57

## な

ながいたかし（永井隆） 31, 62
なかむらしんいちろー（中村真一郎） 20, 123
ながやまやすお（長山靖生） 34, 79, 131-2, 135-40, 143, 175-6
ナショナリズム 23, 41, 61, 81-2, 84, 89-91, 113, 155, 159, 186, 192, 197, 208
ナチズム 198
なつかしさ 151-2
なんきんだいぎゃくさつ（南京大虐殺） 41, 44, 192
なんごく（南国）ブーム 152, 157, 159
なんしんろん（南進論） 79, 135, 137-8, 159, 192
なんとー（南島）イデオロギー 135, 139, 142
なんとーろん（南島論） 124, 149
なんぽーげんそー（南方幻想） 135, 139, 151, 155
なんよーかきょー（南洋華僑） 170
なんよーげんそー（南洋幻想） 136, 139, 150, 152, 156, 159
なんよーしかん（南洋史観） 139, 159, 170
なんよーちょー（南洋庁） 138
にげるぐんしゅー（逃げる群衆） 47-8

にしやまとものり（西山智則） 38, 61
にじゅーいっせーきばんおーかろん（21世紀版黄禍論） 41, 75
にちべーごーどーぐん（日米合同軍） 128
にちべーちいきょーてー（日米地位協定） 111, 117, 120-1, 167-8
にほんぐん（日本軍） 35
にほんごこくごかせーさく（日本語国語化政策） 142-3
にほんてーこくしゅぎ（日本帝国主義） 141
にほん（日本）ファシズム 84
『にほんふーけーろん』（『日本風景論』） 152
ニューカーク・シティ（New kirk City） 19-20, 33, 38
ニュー・ワゴン・シティ 20
ニライカナイ 162
ニンテンドー・ウォー 184
NIMBY（Not In My Back Yard） 168
ノスタルジア 153, 171
のまのりかず（野真典和） 128-9
のむらこーへー（野村宏平） 34-5, 56-7, 128
ノリエガ，チョン・A 17-8, 64, 67, 71

## は

『バイオハザード』 23
はいりょ（配慮） 65, 88, 161, 167
はかいしん（破壊神） 19, 27, 33,

119, 123, 131, 133
はぎわらよしひさ（萩原能久）　36, 49-51, 180, 203
『はくげー』（『白鯨』）　77
ばくげきき（爆撃機）　65, 70, 169
はくしょく（白色）テロ　119
『はだしのゲン』　74, 130
はっとりよしひろくんじけん（服部剛丈君事件）　78
はとバス　56, 58
はなだとしのり（花田俊典）　124, 149, 160, 162
パニックえーが（映画）　13, 27, 32, 34, 64, 88, 115, 131, 145, 175, 177, 180-1, 197-8, 208
バブルけーざい（経済）　75, 82-3, 90
はまおかげんぱつ（浜岡原発）　16
はやしのぶや（林延哉）　93-8, 105-8, 125-7, 132-3
パラオとー（島）　138, 193-4
ハリウッド　13, 15-6, 18, 33, 63, 68-9, 71, 77, 81, 178, 181
パレスチナ　17, 177, 197
ハローキティ　15
はんきょー（反共）イデオロギー　40-1
はんげんすいばくえーが（反原水爆映画）　98-9, 125
はんしんあわじだいしんさい（阪神淡路大震災）　40
はんせん（反戦）　43, 53, 81, 96-102, 125, 130, 166-7
はんせんえーが（反戦映画）　45, 98-9, 102

はんせんさくひん（反戦作品）　130
パンデミックそーどー（騒動）　115
はんにち（反日）　104
はんべー（反米）ナショナリスト　104
びーきゅーえすえふ（B級SF）　23, 81, 168, 176
びーきゅー（B級）エンタテインメント　38, 91, 113-4, 134
びーしーきゅーせんぱん（BC級戦犯）　46
B29　31, 54, 110, 120, 136
びか（美化）　11, 81, 97, 164-5, 178
ひがいしゃいしき（被害者意識）　27, 33, 39, 45, 83-4, 96, 99-101
ひがいもーそー（被害妄想）　33, 52, 59-60, 64, 90, 105, 146
ひがしにほんだいしんさい（東日本大震災）　40
ひがみ　82-3, 86-7, 90, 109
ビキニ　15, 65, 183, 185
ひさいしゃ（被災者）　27, 62-3, 97
ひさいしゃかんじょー（被災者感情）　119
ひじかたひさかつ（土方久功）　138
ひしっともーそー（被嫉妬妄想）　90
ひせんとーいん（非戦闘員）　33, 83, 104, 128
ひのまる（日の丸）　124-5
ひばくしゃ（被爆者）　16, 30-1, 65, 183
ひばくたいけん（被爆体験）　13,

63, 65, 84
ひばくのきおく（被爆の記憶） 29
ヒロヒト 83-4, 104, 111-2, 183
ピンポイントばくげき（爆撃） 44, 184
ファミリーそー（層） 29, 91
フィクション 24-5, 91, 108, 111, 175, 189, 197, 200
ふーか（風化） 11, 39, 109, 127, 132, 134, 182-3, 195
ふくしまだいいちげんぱつじこ（福島第一原発事故） 188
ふくしゅーものがたり（復讐物語） 127
ふくながたけひこ（福永武彦） 20, 159
ふけー（不敬） 118-9
ふじさん（富士山） 60, 152-3
ブラッドベリ, レイ 78
フランケンシュタイン 22, 26, 200
フランケンシュタイン・コンプレックス 13, 26, 190, 195, 197, 199-200
プロモーションえーが（映画） 107-8
ぶんめーひはん（文明批判） 33
へーわしゅぎ（平和主義） 19, 183, 186
へーわじょーやく（平和条約） 9
へーわ（平和）ボケ 194-5
へーわりよー（平和利用） 16, 205
ヘドラ 74
ペリーかんたい（艦隊） 23
へんきょー（辺境） 130, 141
ぼーえーきせー（防衛機制） 43, 181
ぼーえーたい（防衛隊） 47-8, 92, 96-7, 124, 129, 166
ポケモン 184
ほごしゃ（保護者） 117, 167, 176-8, 180, 210
ぼせー（母性） 19, 178
ほったよしえ（堀田喜衛） 20, 121, 123, 168, 180
ポップカルチャー 15, 41
ポリティクス 130, 180, 186
ホロコースト 31, 39
ほんしつしゅぎ（本質主義） 17, 149, 172-3
ほんだいしろー（本多猪四郎） 54, 70, 78, 94, 121, 168, 193
ほんどぼーえー（本土防衛） 123

## ま

マーシャルしょとー（諸島） 65
マオリぞく（族） 151, 153
マチスモ 111
まっさつされた「とーよー」（抹殺された「東洋」） 169
マッドサイエンティスト 26, 114-5, 175, 177
まれびと 143-4
マンネリズム 28, 34
ミーム 11, 17, 27, 39, 195
meme 17, 39
みせものか（見世物化） 132
みとこーもん（水戸黄門） 36, 180, 203
ミュソフ, ピーター 18, 63-74,

78, 181, 193-4
ミリオタ　108, 117, 127, 176
みんぞくそーとー（民族掃討）　142
みんぞくてきげんりゅー（民族的源流）　138
むさべつばくげき（無差別爆撃）　20, 25, 27, 31, 40, 44-5, 59, 84, 95, 104, 117-8, 136
むじかくなうは（無自覚な右派）　102
むじかくなせーじせー（無自覚な政治性）　135, 206
むじんこーげきき（無人攻撃機）　185, 191
むらいおさむ（村井紀）　139, 141-2
メカゴジラ　22, 26, 164, 202
めどるましゅん（目取真俊）　51, 172, 174
モース, テリー　68, 70-1, 74
モスラ　13, 16, 18-20, 22-3, 33, 35, 38, 63, 74, 80, 89, 110, 117, 120-4, 127-132, 135-6, 139, 141, 149-51, 154-60, 162, 167-70, 178-80, 183, 186, 189, 199
『モスラたい（対）ゴジラ』）　57, 128-9, 155, 158-9
『モスラ2　かいていのだいけっせん（海底の大決戦）』　130, 149, 162, 166, 176-7
モスラのうた（歌）　151
モンスター　23-6, 68, 73-4, 77, 201, 206
monster　13, 24-5, 42, 68

## や

やけあと（焼け跡）　31
やなぎむねよし（柳宗悦）　138-9, 143
やなぎたくにお（柳田国男）　142, 149
やのとーる（矢野暢）　139
ヤポネシア　139, 149
やまじりょーぞー（山地良造）　187-9
やまだてるこ（山田輝子）　25, 131, 148
ヤマダ・マサミ　71-2
やまたのおろちでんせつ（八岐大蛇伝説）　79
やまのくちばく（山之口貘）　143
やもとまさゆき（八本正幸）　16
ゆーえつかん（優越感）　95, 138
ユートピア　135, 137-8, 141, 172
よしもとたかあき（吉本隆明）　124, 149
よてーちょーわ（予定調和）　13, 178

## ら

らくてんせー（楽天性）　205
ラドン　20-2, 163, 178
リアリズム　175-7, 179, 186, 198
りこてきないでんし（利己的な遺伝子）　17
リゾート　135, 140, 153, 164, 168, 173
リゾート・イデオロギー　163

りゅーきゅー（琉球） 23, 52, 112, 142-3, 149-50, 161, 164-6
りゅーきゅーしょぶん（琉球処分） 140, 142
りゅーきゅーれっとー（琉球列島） 17, 104, 135, 139-40, 143, 147, 149-50, 160, 163, 168, 172-3, 176, 181, 192, 207
ルサンチマン 39
レアール, ルイ 183
レイシズム 41, 175, 181, 193
レイプ 111
れーせん（冷戦） 11, 19, 31, 39-41, 81, 83-4, 92-3, 147, 182-3, 197
れきししゃかいがく（歴史社会学） 40
ロボット 22, 26, 32, 38, 107, 164, 184, 190-1, 197, 199
ろぼっとこーがくのさんげんそく（ロボット工学の三原則） 26, 190-1
ロリシカ 19, 120-3, 128, 154, 168

## わ

わいしょーか（矮小化） 19, 44, 81, 83, 103-4, 115, 195
わうけいさお 161
わんがんせんそー（湾岸戦争） 184, 189

**著者紹介**

ましこ・ひでのり（msk@myad.jp）

1960年茨城県うまれ。東京大学大学院教育学研究科博士課程修了（博士：教育学）。日本学術振興会特別研究員などをへて、現在、中京大学国際教養学部教授（社会学）。
主要著作：『日本人という自画像』、『ことばの政治社会学』、『増補新版 イデオロギーとしての「日本」』、『あたらしい自画像』、『増補新版 たたかいの社会学』、『幻想としての人種／民族／国民』、『知の政治経済学』、『社会学のまなざし』、『愛と執着の社会学』、『加速化依存症』（以上、三元社）。
共著に「社会言語学」刊行会編『社会言語学』（1-14号＋別冊）、真田信治・庄司博史編『事典 日本の多言語社会』（岩波書店）、前田富祺・野村雅昭編『朝倉漢字講座5 漢字の未来』（朝倉書店）、『ことば／権力／差別』（三元社，編著）、大橋・赤坂・ましこ『地域をつくる―東海の歴史的社会的点描』（勁草書房）、田尻英三・大津由紀雄 編『言語政策を問う！』（ひつじ書房）、米勢・ハヤシザキ・松岡編『公開講座 多文化共生論』（ひつじ書房）、Mark ANDERSON, Patrick HEINRICH ed. "Language Crisis in the Ryukyus" Cambridge Scholars Publishing ほか。

# ゴジラ論ノート
## 怪獣論の知識社会学

発行日………2015年5月20日 初版第1刷

著 者………ましこ・ひでのり

発行所………株式会社 三元社
〒107-0052　東京都港区赤坂2-10-16 赤坂スクエア6F
電話／03-5549-1885　FAX／03-5549-1886

印 刷＋製 本………シナノ印刷 株式会社

© 2015 MAŜIKO Hidenori
ISBN978-4-88303-381-2
http://www.sangensha.co.jp

| 書名 | 著者 | 価格 | 内容 |
|---|---|---|---|
| ことば／権力／差別 言語権からみた情報弱者の解放 | ましこ・ひでのり／編著 | ●2600円 | 現代標準日本語の支配的状況に疑問をもたない多数派日本人とその社会的基盤に知識社会学的検討を。 |
| 社会学のまなざし シリーズ「知のまなざし」 | ましこ・ひでのり／著 | ●1700円 | 「社会学のまなざし」の基本構造を紹介し、それがうつしだすあらたな社会像を具体的に示していく。 |
| ことばの政治社会学 | ましこ・ひでのり／著 | ●2800円 | コトバの政治・権力・差別性を暴きだし、「透明で平等な媒体」をめざす実践的理論的運動を提起する。 |
| 知の政治経済学 あたらしい知識社会学のための序説 | ましこ・ひでのり／著 | ●3600円 | 疑似科学を動員した知的支配の政治経済学的構造を、社会言語学・障害学・沖縄学をもとに論じる。 |
| 幻想としての人種／民族／国民 『日本人という自画像』の知的水脈 | ましこ・ひでのり／著 | ●1600円 | ヒトは血統・文化・国籍等で区分可能であるという虚構・幻想から解放されるための民族学入門。 |
| あたらしい自画像 「知の護身術」としての社会学 | ましこ・ひでのり／著 | ●1800円 | 現代という時空とはなにか？ 社会学という鏡をのぞきながら、自己とはなにか？ 自己像を描き直す。 |
| 日本人という自画像 イデオロギーとしての「日本」再考 | ましこ・ひでのり／著 | ●2300円 | アジア・国内少数派という鏡がうつしだす「日本」および多数派知識人の「整形された自画像」を活写する。 |
| イデオロギーとしての日本 「国語」「日本史」の知識社会学 | ましこ・ひでのり／著 | ●3400円 | 有史以来の連続性が自明視される「日本」という枠組みを〈いま／ここ〉という視点から解体する。 |
| たたかいの社会学 悲喜劇としての競争社会 | ましこ・ひでのり／著 | ●2500円 | 傷ついた自分をみつめなおすために！ 「競争」のもつ悲喜劇にたえるための、心の予防ワクチン。 |

表示は本体価格